W0187158

DAS GIBT'S NUR IN KÖLN

HANKA MEVES

DAS GIBT'S NUR IN KÖLN

emons:

UNTER DEM DOMDACH

AUFS ÖÖTCHE GEHEN

Die Kölner sind unglaublich stolz auf ihren Dom. Aber der Dom ist sehr verletzlich. Rund 50 verschiedene Steinsorten sind im Laufe der Zeit dort verbaut worden. Nicht alle haben sich bewährt: An vielen Stellen greift Verwitterung um sich, Teile müssen erneuert werden. Auch die Fenster, das Bleidach und andere Bereiche der Kathedrale werden regelmäßig gewartet und repariert. Dafür sorgt die Dombauhütte. Das riesige Hängegerüst am Nordturm des Kölner Doms ist ein deutliches Zeichen dafür, dass in der Dombauhütte viele Mitarbeiter beschäftigt sind: genau 100. Doch was macht eigentlich ein Handwerker, wenn er oder sie mal dringend auf ein Örtchen muss? Keine Sorge: Oben unter dem Dach, auf 45 Meter Höhe, gibt es eine Toilette und einen Aufenthaltsraum. So sparen sich die Mitarbeiter das lange Hinunter- und wieder Hinauffahren mit dem Bauaufzug. Eine Steinbildhauerin erwähnte allerdings, dass sie lieber auf die Toilette in den eigentlichen Werkstätten gegenüber dem Museum Ludwig geht – diese bietet ein bisschen mehr Privatsphäre. Bei Führungen erzählen die Mitarbeiter der Dombauhütte übrigens gern, dass die Toilette auf dem Dom eine der teuersten Spülungen der Welt besitzt.

Domkloster 4, 50667 Köln

HILFE GEGEN SCHREIBBLOCKADEN

Einfälle fehlen oder die Arbeit am Manuskript erscheint wie ein unüberwindbarer Berg? Kölner Schriftstellerinnen und Schriftsteller haben ein Gegenmittel: den Kölner Schreibraum. Natürlich gibt es auch in Hamburg einen Schreibraum, den Writers-Room. Er ist der älteste in Europa. Doch Köln hat seit November 2016 den jüngsten Arbeitsraum für Autoren in Deutschland. Jüngst ist auch die Autorin dieses Buchs dort eingezogen und hat viele Seiten von »Das gibt's nur in Köln« im Gemeinschaftsbüro der Kölner Schriftsteller verfasst. Oder gibt es vielleicht doch einen noch jüngeren Schreibraum? Das herauszufinden, wird vielleicht Aufgabe eines weiteren Buchs, ganz unter dem Motto: Das gibt's nur in Köln.

Schreibraum Köln, Steinstraße 12, 50676 Köln

BAUDENKMAL
NUMMER 1

Mehr als 9.000 Baudenkmäler finden sich in der Denkmalliste der Stadt Köln. Wenn es so viele erhaltenswerte Bauten gibt, muss es doch auch ein Baudenkmal Nummer 1 geben, eins, mit dem alles angefangen hat! Otto Doppelfeld (1907–1979), erster Direktor des Römisch-Germanischen Museums, hat die römische Stadtmauer als Denkmal Nummer 1 bezeichnet. Die Römermauer war 4.000 Meter lang und umschloss Köln, auf Lateinisch Colonia Claudia Ara Agrippinensium. In das römische Nordtor war die entsprechende Abkürzung »CCAA« eingemeißelt. Dieses Stück des Torbogens bewahrt das Römisch-Germanische Museum auf. Innerhalb der Mauer befanden sich ein Forum – der Versammlungsplatz der Bürger –, Thermen, Tempel, prachtvolle Häuser mit Innenhöfen, ein Hafen sowie der Palast des Statthalters. Die römische Mauer schützte die Bürger vor Angriffen, zum Teil war sie acht Meter hoch und auf ein bis zu 4,5 Meter tiefes Fundament gebaut. Bis in das 12. Jahrhundert war die Römermauer intakt und diente erfolgreich der Verteidigung der Stadt. Doch die Mauer machte die Stadt nicht nur sicherer, sondern auch schöner. Ein Beispiel dafür ist der Römerturm: Er ist fast 2.000 Jahre alt und ein wahres Meisterwerk. Zickzackmuster, Halbkreise und weiße Linien durchziehen sein Mauerwerk aus verschiedenen Steinen, darunter Grauwacke, das bevorzugte Baumaterial der Römer in Köln. Sein Zinnenkranz jedoch stammt nicht aus römischer Zeit, sondern aus dem 19. Jahrhundert. Damals wurden an vielen Bauten romantische Ergänzungen vorgenommen. Auch wenn Otto Doppelfeld die römische Stadtmauer gern als Denkmal Nummer 1 gesehen hätte, gab die Stadt dem Römertum die Nummer 171. Das erste Denkmal in der Kölner Denkmalliste ist übrigens die Allee in der Adolphstraße in Deutz. Im Zuge des neu eingeführten Denkmalschutzgesetzes aus dem Jahr 1980 hat die Stadt nach und nach – und nicht entsprechend ihrer historischen Bedeutung – erhaltenswerte Bauten oder Grünanlagen zu Denkmälern erklärt. Circa 700 Meter der römischen Stadtmauer sind heute noch erhalten, manche Abschnitte leider in traurigem Zustand. Es gibt einen Förderverein »Römische Stadtmauer Köln e. V.«, der sich für den Erhalt einsetzt.

Zeughausstraße, 50667 Köln

BAUDENKMAL
NUMMER 0

Wenn man die Römermauer als Baudenkmal Nummer 1 bezeichnen kann, müsste das Ubiermonument die Nummer 0 erhalten. Ubierschänke, Ubierweg, Ubierring – in Köln erinnert einiges an das Urvolk der Stadt. Wissenschaftler gehen davon aus, dass das Ubiermonument kein Denkmal für die Ubier war, sondern ein Turm der Befestigungsanlage ihrer vorrömischen Stadt, des Oppidum Ubiorum. Entdeckt haben Archäologen den annähernd quadratischen Steinturm »An der Malzmühle 1« in den 1960er Jahren. Ursprünglich soll der Turm zwölf Meter hoch gewesen sein. Davon lagen sechs Meter unterhalb der römischen Siedlung. Als Wissenschaftler das Holz-Erde-Fundament untersuchten, auf dem der Turm ruht, stellten sie fest, dass das Bauwerk aus dem 4. bis 5. Jahrhundert stammt und damit älter als die römische Befestigung ist. Die Ubier waren ein westgermanisches Volk, das zunächst das rechtsrheinische Köln besiedelte und vom regen Handel mit den Römern profitierte. Die anderen Germanen feindeten die Ubier genau deswegen an, weshalb diese ins Linksrheinische weiterzogen. Bleibt die Frage, ob es tatsächlich richtig wäre, das Ubiermonument Baudenkmal Nummer 0 zu nennen. Bereits vor den Ubiern war das Gebiet besiedelt.

An der Malzmühle 1, 50676 Köln

DAS KÖLNER BRETT

Es ist eine Leiste, die eine Gardine verdecken soll, und sie ist eine Kölner Erfindung: das Kölner Brett. In den 1930er Jahren baute der Firmeninhaber des in Köln bekannten Fachgeschäfts Messing-Müller, Hugo Bohn, ein solches Brett zusammen und trug damit zum Erfolg des Unternehmens entscheidend bei. Messing Müller betrieb neben dem Geschäft in der Innenstadt einen Großhandel und lieferte Tausende Kölner Bretter an Raumausstatter und Einrichtungshäuser. Er schraubte eine Gardinenschiene auf ein Brett und befestigte Seitenbretter als Sichtschutz daran. Das Kölner Brett war zumeist goldfarben oder farbig bemalt oder auch mit Tapete verziert. Doch der Geschmack der Kölner hat sich verändert. Heute findet man das Kölner Brett nur noch in Altbauwohnungen und im Kölnischen Stadtmuseum. Übrigens erinnert die Straße »Am Kölner Brett« in Ehrenfeld noch an den Sitz des traditionsreichen Unternehmens. Das Einrichtungsgeschäft Messing-Müller gibt es leider nicht mehr.

DER COLONIUS

Was für die Kölner der Colonius ist, könnte für die Berliner ein Berlinius sein. Aber die Berliner haben sich nicht so viel Mühe bei der Namensfindung gegeben, sondern nennen ihren Fernsehturm einfach Fernsehturm. Die Kölner Betreiber schrieben damals extra einen Wettbewerb in der Bevölkerung aus und entschieden sich für den Namen Colonius. Allerdings dreht sich im Berliner Fernsehturm nach wie vor das Restaurant in der Kanzel, das es hier wie dort unterhalb einer Aussichtsplattform gibt. Im Colonius befindet sich diese Kanzel auf 166 Metern. Sie liegt damit neun Meter höher als die Spitzen des Kölner Doms. Insgesamt misst der Turm 266 Meter. Am Colonius dreht sich seit über 20 Jahren leider nichts mehr. Zu weit entfernt von der Innenstadt zog der Turm offensichtlich nicht genug Besucher an. So haben die Mitarbeiter der Deutschen Funkturm GmbH den Fernmeldeturm für sich allein und verbreiten über ihn digitales Fernsehen und Radio.

Innere Kanalstraße 100, 50672 Köln

DIE ERSTE
OPER FÜR KINDER

Eine lärmende, fröhliche Meute stürmt den Saal im Staatenhaus in Köln-Deutz. Es ist vormittags kurz vor halb zwölf und die Grundschulkinder suchen aufgeregt ihre Plätze. Kinderoper ist angesagt, heute »Die Zauberflöte«. 1996 hat die Oper Köln als erste Bühne Deutschlands ein eigenes Opernhaus für Kinder eröffnet. Seitdem passt sie bekannte und weniger bekannte Opern für Kinder an und reduziert sie auf circa eine Stunde Spielzeit. Die Kinderoper hat ihr Zuhause im Staatenhaus, der Interimsspielstätte der Oper Köln. Das eigentliche Operngebäude am Offenbachplatz aus den 1950er Jahren wird noch saniert. Manche nennen diese Baustelle schon den Kölner BER – als Verweis auf den neuen Berliner Flughafen, der ewig nicht fertig wurde. Die hohe Kunst der Dramaturgie und Regie bei einer Kinderoper besteht darin, dass diese im Vergleich zum Original nichts an Dramatik und an Spannung einbüßt. Das Haus ist fast immer ausverkauft. Sänger und Orchester gehen auf die Zuschauer besonders ein. Sie sind es gewohnt, dass diese sich in der Vorstellung lautstark äußern, ein Kostüm berühren oder die Instrumente bewundern möchten und binden sie mittels Interaktion in die Stücke ein.

Oper im Staatenhaus, Rheinparkweg 1, 50679 Köln

IM WALD

FÜR DEN WALD

Im Grüngürtel gibt es das einzige Waldlabor Deutschlands. Es befindet sich jedoch nicht – wie man meinen könnte – im Haus der Hexe aus dem Märchen »Hänsel und Gretel« und besteht auch nicht aus einer Ansammlung von Reagenzgläsern im Wald. Das Waldlabor ist ein Stück Grüngürtel, in dem der Forstbetrieb Köln und Wissenschaftler erforschen, wie der Wald in Köln wächst. Der Forstbetrieb Köln hat dazu mit seinen Kooperationspartnern aus der Stadt, der Universität Aachen und der Wirtschaft auf 16 Hektar Fläche vier Bereiche abgetrennt und einen Wandel-, einen Energie-, einen Klima- sowie einen Wildniswald angelegt. Im Wandelwald greifen Felder mit verschiedenen Baumarten ineinander, sodass sich kontinuierlich neue Waldbilder ergeben und es zu jeder Jahreszeit etwas zu entdecken gibt. Im Energiewald wachsen besonders schnell gedeihende Baumarten, die bereits nach zwei bis fünf Jahren geerntet und zur CO_2-armen Wärme- und Energieerzeugung genutzt werden. Der Wildniswald wird sich selbst überlassen, um zu zeigen, wie sich ein Wald ohne Eingriff des Menschen entwickelt. Besonderes Interesse gilt in der heutigen Zeit dem Klimawald. »Seit zehn Jahren gedeihen auf dem Gelände einheimische Arten wie Kirschen, Ulmen und Birken, aber auch exotische Baumsorten wie die alpine Flaumeiche oder der Blauglockenbaum«, erklärt Michael Hundt, Förster im linksrheinischen Köln. »Zehn Jahre nach den Pflanzungen haben wir untersucht, wie sich die Mehlbeere, die Walnuss, der Blauglockenbaum, die Flaumeiche, die Elsbeere und die Küstentanne im Klimawald entwickelt haben«, ergänzt er. »Alle sechs Arten sind sehr gut gewachsen und haben die vergangenen Dürresommer und Hitzejahre ohne Probleme überstanden. Nach jetzigem Stand empfehlen wir, diese Sorten im Grüngürtel anzupflanzen.« Im Frühjahr 2020 wurden mit Unterstützung der Kölner Grünstiftung 40 Einzelbäume unterschiedlicher Arten gepflanzt. Auch sie sollen auf ihre Eignung im Klimawandel erprobt werden. Langfristig will der Forstbetrieb erreichen, dass der Wald sich auf natürliche Weise verjüngt, sich die Bäume also durch ihre Samen vermehren. Die Kölner warten neugierig auf weitere Forschungsergebnisse, denn in den vergangenen sehr trockenen Jahren musste die Stadt Hunderte Bäume an den Straßen und im Grüngürtel fällen lassen.

WALFISCH, EI ODER WELTSTADTHAUS

14

Je nachdem, ob sich Besucher dem Weltstadthaus des Architekten Renzo Piano von der Schildergasse oder der Nord-Süd-Fahrt nähern, sieht es aus wie ein gestrandeter Walfisch oder ein Ei. Gestrandet waren zeitweise auch die Bauarbeiten. Wegen Mängeln in der Statik legte die Bauaufsicht den Bau jahrelang still. Vorsichtig betraten nach der Eröffnung im Jahr 2005 die ersten Kauflustigen das Modehaus. Die aufwendige Glas-Holz-Konstruktion der Außenwände hielt und bietet spektakuläre Blicke durch die Auslagen des Kaufhauses auf die Kölner Neustadt. Inzwischen strömen jährlich Tausende Kauflustige in den Walfisch und kaum jemand erinnert sich noch an den Baustopp.

Schildergasse 65–67, 50667 Köln

DER BLAUE MÜLLSACK

Nicht zu übersehen ist das blaue Gebäude an der Rheinpromenade neben dem Bahnhof. 1996 nur als temporäre Spielstätte geplant, ist das Bauwerk aus Stahl, Glas und Polyester inzwischen nicht mehr aus der Stadt wegzudenken. Konzerte, Musicals oder Firmenevents finden hier statt. Die Kölner nennen den Musical Dome »blauer Müllsack«. Der Name ist aus dem Musical »We will rock you« hervorgegangen. Das Queen-Musical war die erfolgreichste Inszenierung in Köln. Sie begeisterte 1.400-mal die 1.700 Zuschauer, die im großen Saal Platz finden. Damit ist der Musical Dome das größte Theater der Stadt. Unter dem Gebäude befindet sich eine Tiefgarage, in seinem Inneren ein großzügiges Foyer sowie ein Theater-Restaurant. Das blaue Dach des Hauses wirkt weich wie ein Kunststoffbeutel, ist jedoch stabil und wird regelmäßig gewartet. Mit den Jahren drohte das Blau allerdings zu verblassen. Darum hat der Musical Dome 2019 einen neuen Anstrich bekommen. Jedes Jahr diskutiert die Stadt aufs Neue, ob der Musical Dome auf ewig ein Blickfang am Rhein bleiben oder ob er etwas anderem Platz machen soll.

Goldgasse 1, 50668 Köln

PUMPWERKE –
ARCHITEKTONISCH BESONDERS

Eins ändert die Farbe, je nach Stand des Kölner Rheinpegels, eins erinnert an aufgeschichtetes Treibholz und eins ist mit einer Turnhalle verbunden. Doch was haben diese Bauwerke gemeinsam? Sie sind Pumpwerke, die bei hohen Rheinpegelständen dafür sorgen, dass Abwasser aus der Stadt abfließt. Und sie sind ein Zeichen dafür, dass Industriebauten ganz und gar nicht langweilig sein müssen. So leuchtet das Bayenthaler Pumpwerk in der Dämmerung mal grün, mal blau, mal gelb, mal rot. Blau steht für einen normalen Wasserstand, Gelb-orange kündigt Hochwasser an und bei Rot sind die Mitarbeiter des Hochwasserschutzes im Alarmzustand und bauen die mobilen Schutzwände auf. Doch auch andere Pumpwerke in Köln sind es wert, besichtigt zu werden. Die Treppe zum Gebäude in der Bremerhavener Straße endet zwar im Nichts, doch von diesem Nichts aus hat man einen tollen Blick ins Innere. Das Pumpwerk in der St.-Leonardus-Straße in Niehl sieht aus wie aufgeschichtetes Treibholz. Eine Besonderheit besitzt das Mülheimer Pumpwerk Am Faulbach; auf ihm steht die Turnhalle der angrenzenden Schule. Beide Gebäude sind blau angestrichen, wodurch eine Verbindung zwischen ihnen hergestellt wird.

Schönhauser Straße, 50968 Köln
Bremerhavener Straße und St. Leonardus Straße, 50735 Köln
Düsseldorfer Straße 13, 51063 Köln

ZWISCHEN DOM UND MESSEHALLEN

Wenn im Mittelalter Menschen in den Kölner Dom gingen, mussten sie einen Hügel zur Kathedrale und anschließend eine Treppe hochsteigen. Vor dem Aufstieg hielten sie für gewöhnlich kurz an, holten noch einmal Luft und schauten voller Ehrfurcht auf das riesige Gebäude. Daran erinnert das Kunstwerk Ma'alot des israelischen Künstlers Dani Karavan, das auf dem Weg vom Rhein zum Dom im Schatten des Museum Ludwig liegt und den gesamten Platz umfasst. Die Schiene im Boden weist in Richtung der Kölner Messehallen und durch einen Schlitz in der Skulptur schaut man von der Hohenzollernbrücke auf den Kölner Dom, von der anderen Seite auf die Messehallen. Das dortige Messelager wurde während des Zweiten Weltkriegs als Ausgangspunkt für die Deportation und Ermordung von Juden sowie Sinti und Roma genutzt und diente als Gefängnis und Lager für Zwangsarbeiter. Man sieht immer wieder Passanten am Ma'alot anhalten. Sie gehen um die Skulptur herum und fragen sich, welche Bedeutung das Kunstwerk wohl hat. Dani Karavan selbst möchte mit dem Kunstwerk Assoziationen hervorrufen. Ein kurzer Moment der Nachdenklichkeit an einem Ort zwischen katholischem Dom und Deportation – ein Stück Kölner Geschichte.

Heinrich-Böll-Platz, 50667 Köln

DIE BERÜHMTESTE NUMMER VON KÖLN

Das 4711-Gebäude gegenüber der Oper in der Glockengasse ist ein Anziehungspunkt für Touristen. Es ist das Stammhaus der berühmten Kölner Parfümhersteller. Zu jeder vollen Stunde können Passanten ein Glockenspiel bewundern. Auf die bekannte Melodie der »Marseillaise« folgt »Der Treue Husar«, anschließend ertönt ein drittes, saisonal wechselndes Lied. Wer den Verkaufsraum betritt, den hüllt sogleich der Duft des Parfüms ein. Doch im dortigen Brunnen sollte man sich nicht die Hände waschen – es handelt sich um einen waschechten Parfümbrunnen, der sich dafür nicht eignet. Das Haus erhielt die Nummer 4711 während der französischen Besatzung im Jahr 1794. Der geschäftstüchtige Wilhelm Mülhens (1762–1841), auf den die Parfümmarke zurückgeht, machte 4711 zum Markennamen, um sich von anderen Produkten abzugrenzen. An der ehemaligen Produktionsstätte in Ehrenfeld, an Geschäftshäusern und im Kölner Hauptbahnhof beweisen riesige Logos den Stolz der Stadt auf das Parfüm. Der Erfinder des Eau de Cologne, zu Deutsch Kölnisch Wasser, war allerdings Johann Maria Farina (1685–1766). Mehr über seine Marke und die Unternehmensgeschichte erfährt man im Duftmuseum in der Nähe des Kölner Rathauses.

Dufthaus Nr. 4711, Glockengasse 4, 50667 Köln
Duftmuseum Farina, Obenmarspforten, 50667 Köln

SCHOKOLADE AUS DEM BRUNNEN

Das Schokoladenmuseum in Köln ist das meistbesuchte Museum der Stadt, und wenn man den dortigen Schokoladenbrunnen sieht, kann man auf ein in Köln beliebtes Adjektiv zurückgreifen: Was für ein dicker Brunnen! Besucher können hier vom größten Schokoladenbrunnen in Deutschland kosten. Gründer Hans Imhoff (1922–2007) ließ den Brunnen für das Museum anfertigen; er ist mit 200 Kilogramm warmer, flüssiger Schokolade gefüllt. Seine Gestaltung erinnert an einen Baum voller Kakaofrüchte, aus denen Schokolade fließt. Von der Miniatur-Kakaoplantage im Tropenhaus über die Ausstellung zur Schokolade bis hin zur Produktion und dem Verkauf der leckeren Süßigkeit können Interessierte die ganze Vielfalt dieses köstlichen Produktes erkunden. Schokoliebhaber lernen zudem in Workshops, selbst Pralinen, Tafelschokolade oder Hohlfiguren herzustellen. Das Haus an sich ist ebenfalls sehenswert. Es ist auf eine Halbinsel im Rhein gebaut und erinnert an ein Schiff. Vom »Deck« und auch vom Café aus haben Besucher einen wunderbaren Blick über den Rhein und auf den Kölner Dom.

Am Schokoladenmuseum 1A, 50678 Köln

UNTER TAGE
IN DER UNI

Was? Ein Bergwerk? Mitten in Köln in der Universität? Der Barbarastollen ist ein Geheimtipp. 1930 eröffnete die Universität dieses Lehrbergwerk für Studierende. Nach dem Zweiten Weltkrieg lag Köln in Schutt und Asche und der Stollen geriet in Vergessenheit. Bei Renovierungsarbeiten in den 1980er Jahren stießen Arbeiter auf das Bergwerk, das danach renoviert wurde und heute nach Anmeldung besucht werden kann. Wer möchte, kann den Stollen auch virtuell besichtigen. Im Barbarastollen, der einem Kohlebergwerk zu Beginn des 20. Jahrhunderts nachempfunden ist, wird die Arbeit im Bergbau erklärt. Es gibt ein Förderband, Loren für die Kohle und eine Kreuzung unter Tage, Brückenfeld genannt, die das enorme Gewicht der Erde auf die Holzstützen verteilt. Der Barbarastollen hat einen Förderschacht und einen Wetterschacht. Letzterer leitet die verbrauchte Luft ab und schützt vor Explosionen. Ein Bruchfeld im Barbarastollen zeigt, wie der Berg nach dem Kohleabbau in sich zusammenfällt und darüberliegende Erdschichten nachrutschen. Der Name kommt von der Schutzheiligen der Bergleute. Diese beten noch heute zur heiligen Barbara, denn die Arbeit im Bergwerk war und ist sehr gefährlich.

Albertus-Magnus-Platz, 50931 Köln

DENKMAL
FÜR DIE KÖLNER AN SICH

Im Schatten der großen romanischen Kirche Groß Sankt Martin steht die Schmitz-Säule. Warum ein Denkmal für die Familie Schmitz? Ganz einfach: Schmitz ist der häufigste Familienname in Köln, die Säule ist also ein Denkmal für die Kölner. Zu römischer Zeit befand sich an dieser Stelle die Martinsinsel, eine vom Rhein umflossene Insel, die später zur Halbinsel wurde. Die Inschrift auf der Säule erzählt eine Legende: »An dieser Stelle lag einst, vom Rhein umflossen, die Martinsinsel. Bis zum 10. Jahrhundert war sie eine Insel, die dann durch die Zuschüttung eines Rheinarms mit dem linksrheinischen Kölner Ufer verbunden wurde. Auf dieser Insel trafen sich römische Legionäre mit blonden Ubier-Mädchen, Urahnen der Familie Schmitz.« Auch heute noch nutzen Verliebte diesen Ort gern als Treffpunkt. 1969 wurde die Säule aus Steinen aus der Römerzeit erbaut. Stifter der Säule war der Bauunternehmer Jupp Engels (1909–1991). Da im gleichen Jahr Neil Armstrong als erster Mensch den Mond betrat, erinnert eine Plakette an der Säule zugleich an dieses Ereignis.

An Groß St. Martin, 50667 Köln

Eine riesige Zitronenpresse

und noch eine kleine

Wie würde sich das anfühlen, eine Riesenzitrone auf dem Dach der Kirche Sankt Engelbert auszudrücken? Das Dach lädt dazu ein. Sankt Engelbert sieht nicht nur aus wie eine gewöhnliche Küchen-Zitronenpresse, die Kirche wird von den Kölnern auch liebevoll so genannt. Dem Architekten Dominikus Böhm (1880–1955), der die Kirche an der Garthestraße in der Nähe des Kölner Zoos als einen der ersten modernen Kirchenbau in Köln entworfen hat, mögen die Widerstände gegen seine Bauart anfangs sauer aufgestoßen sein. Er musste seine Idee, eine Kirche aus Beton zu bauen, gegen Widerstände im Klerus durchsetzen. Zum Glück stand ihm der damalige Pfarrer bei. Beton galt zur Zeit des Baus und der Weihe der Kirche im Jahr 1932

als für Kirchen unwürdig. Dominikus Böhm wählte darum einen Trick und verkleidete die Außenwände mit Klinkern und das Dach mit Blei. So funkelt es in der Sonne fast wie eine metallene Zitronenpresse. Die Kirche ist außerdem als der Ort bekannt, in dem das »Fringsen« verkündet wurde. Josef Kardinal Frings (1887–1978) erteilte hier nach dem Zweiten Weltkrieg die Absolution für das Stehlen von Kohle, auf Kölsch Klütten genannt. Der Klüttenklau wurde unter dem Begriff »Fringsen« in Deutschland berühmt. Wer jetzt noch nicht genug von kirchlichen Zitronenpressen hat, kann sich nach Köln-Porz aufmachen. Dort gibt es eine zweite, die Markuskirche in der Martin-Luther-Straße. Am Straßennamen erkennt der Besucher sogleich, dass es sich um eine evangelische Kirche handelt. Der Architekt wollte, dass sie einem Kristall ähnelt, doch die Porzer fanden den Vergleich mit einer Zitronenpresse passender. Auf Luftaufnahmen sieht man deutlich den geriffelten Kegel des Dachs, das aus einer Holzkonstruktion besteht. Dadurch hat die Kirche eine besonders gute Akustik.

Kirche St. Engelbert, Riehler Gürtel 23, 50735 Köln
Markuskirche, Martin-Luther-Straße 38, 51145 Köln

EINZIGE PALMENALLEE
UND AUSGEZEICHNETE KAMELIEN

Die bereits 1864 eröffnete Flora und der 1914 hinzugekommene Botanische Garten bilden eine grüne Oase. Immer wieder lässt sich Köln etwas einfallen, um Besucher anzulocken, obwohl der Eintritt in Flora und Garten kostenlos ist: So gibt es hier seit 2008 die einzige ausgepflanzte Palmenallee Nordeuropas. Ein Anziehungspunkt ist außerdem der Kameliengarten mit 650 Sorten, die diesem die Auszeichnung »International Camelia Society Garden of Excellence« bescherten. Einen Blickfang vom Alten Stammheimer Weg aus bildet das Hauptgebäude, das von Kölner Bürgern finanziert und nach Entwürfen der Architekten Max Nohl (1830–1863) und Josef Felten (1799–1880) gebaut wurde. Den Garten hat der preußische Landschaftsarchitekt Peter Joseph Lenné (1789–1866) gestaltet. Im 19. Jahrhundert war das Gebäude für die Kölner eine Art Schlossersatz und der Eintrittspreis für einfache Bürger unerschwinglich. Nachdem es jahrzehntelang in einem Dornröschenschlaf gelegen hatte und völlig verfallen war, erstrahlt es seit 2014 in neuem Glanz. Flora und Botanischer Garten bieten jährlich mehr als einer Million Besuchern Erholung. Das 11,5 Hektar große Gelände hat zu jeder Jahreszeit etwas Blühendes zu bieten.

Am Botanischen Garten 1a, 50735 Köln

FÜHLT SICH AN WIE ELEFANTENHAUT

Wenn einer der hiesigen Bewohner an die Wände seines Hauses stößt, macht das viel Krach, denn es geht um das Elefantenhaus des Kölner Zoos. Elefanten können ihre Rüssel mit einer Geschwindigkeit von 200 Stundenkilometern bewegen und mit ihrem Hinterteil sogar Bäume umwerfen. Für die Architekten des Elefantenhauses war es eine Herausforderung, die Stabilität des Baus zu gewährleisten. Sie versahen die Wände zudem mit einer besonderen Struktur: der von Elefantenhaut. Wenn man mit der Hand darüberfährt, fühlt es sich fast so an, als würde man einen Elefanten streicheln. Der Kölner Zoo gehört zu den historisch bedeutenden Zoos und öffnete 1860 für das Publikum. Das alte Elefantenhaus im maurischen Stil und die Direktorenvilla stammen noch aus den Anfangszeiten. Auf dem insgesamt relativ kleinen Gelände den größten Auslauf für asiatische Elefanten nördlich der Alpen anzulegen, war nicht einfach und ist gut gelungen. Seit 2004 können hier bis zu 20 Elefanten ohne direkten Kontakt zu ihren Pflegern gehalten werden und somit als Herde in ihrem Sozialverband leben. Pfleger und Besucher sind ihnen dennoch nah, wenn sie mit der Hand über die Oberfläche des Gebäudes streichen.

Elefantenhaus im Kölner Zoo, Riehler Straße 173, 50735 Köln

KANALISATION MIT KRONLEUCHTER

Ende des 19. Jahrhunderts herrschte in Köln ein wahrer Bauboom. Die Kölner vollendeten ihren Dom und hängten sogar Kronleuchter in die Kanalisation, genauer gesagt in den Kronleuchtersaal, der sich unter dem Theodor-Heuss-Ring, Ecke Clever Straße in der Nähe des Ebertplatzes befindet. Mit dem Abriss der Stadtmauer war der Weg frei, um Köln zu erweitern. Die Neustadt entstand und auf dem Gelände der ehemaligen Stadtbefestigung die Prachtstraße »Kölner Ringe«. Doch zu einer Neustadt gehört eine moderne Kanalisation. Ein komplexes System aus tiefer und höher gelegenen Kanälen und Doppelschiebern, die Kanäle schließen können, sorgt dafür, dass aus Köln auch bei Hochwasser das Abwasser abfließen kann. Durch den Kronleuchtersaal wird dabei Regenwasser bei starkem Niederschlag abgeleitet. Zur Einweihung des Saals im Jahr 1890 schickten die Kölner eine Einladung an Kaiser Wilhelm II. (1859–1941). Er kam nicht, und so rotteten die Lüster still vor sich hin. Später wurden sie durch einen elektrifizierten Kronleuchter ersetzt. Dieser wird bleiben, ob Kaiser nun kommen oder nicht. Bei Besichtigungen und Wartungen leuchtet er den Saal aus, der inzwischen unter Denkmalschutz steht.

Theodor-Heuss-Park am Ebertplatz, 50668 Köln

MÄRCHENHAFT

Fragt man Menschen aus anderen Ländern danach, was sie mit Deutschland verbinden, so nennen sie Bratwurst, Lederhosen, Pünktlichkeit und die Märchen der Gebrüder Grimm. Dornröschenhecke, Siebenrabengasse und Schneewittchenweg heißen einige der Straßen in der Märchensiedlung in Holweide, deren Häuser und Grünanlagen den Bewohnern ein Leben wie im Märchen ermöglichen sollten. Hier hat die GAG Immobilien AG vor fast 100 Jahren die Ideen der Architekten Wilhelm Riphahn (1889–1963) und Manfred Faber (1879–1944) aufgegriffen und eine Gartenstadt in Erinnerung an die Gebrüder Grimm errichtet. Die Siedlung besteht aus Reihen- und Einfamilienhäusern mit Gärten. Durch den Anbau von Gemüse und Obst konnten sich die Arbeiterfamilien und Geringverdiener schon damals selbst mit Lebensmitteln versorgen. Über den Architekten Wilhelm Riphahn stolpert man tatsächlich überall in Köln: Der halbrunde Restaurantbau der Bastei am Rheinufer stammt von ihm, die »Weiße Stadt« und der »Blaue Hof« in Buchforst sowie die Oper und das Schauspielhaus der Stadt. Manfred Fabers Leben beendeten die Nationalsozialisten. Er wurde 1944 im Konzentrationslager Auschwitz ermordet. Mehr über ihn im Kapitel »Rut-Wieß«.

Märchensiedlung, Rotkäppchenweg 15, 51067 Köln, sowie
Bastei, Konrad-Adenauer-Ufer 80, 50668 Köln

MUSIK
IM BAUCH DER BRÜCKE

Ein Brückenkonzert könnte auf einer Brücke stattfinden oder auch eine Brücke schlagen. In Köln gibt es Konzerte in einer Brücke, und zwar in der Deutzer Brücke. 1995 rief der Künstler, Hörfunkregisseur und -autor Peter Behrendsen eine einzigartige Veranstaltung ins Leben: Zuhörer betreten durch eine enge Öffnung an der Markmannsgasse auf der linken Rheinseite den inneren Kasten der Brücke. Dort erschließt sich den Besuchern ein riesiger Raum, in dem sie an verschiedenen Künstlern und Klanginstallationen vorbeigehen können. Je nach Distanz oder Nähe zu den Darbietungen hört sich die Musik unterschiedlich an. Zugleich bietet der Spaziergang durch das Innere der Brücke ein besonderes Raumerlebnis. Vier verschiedene Organisationen tragen die Brückenkonzerte: die Kölner Gesellschaft für Neue Musik mit Unterstützung des Kulturamts der Stadt Köln, das Amt für Brücken und Stadtbahnbau und die Kunsthochschule für Medien.

Eingang in die Deutzer Brücke vom Heumarkt, Deutzer Brücke, 50679 Köln

AGRIPPINA –
DIE GRÜNDERIN VON KÖLN

Sie gilt als die Gründerin der Stadt Köln – und ihr Leben war ein Krimi. Im Jahr 50 unserer Zeitrechnung ernannte der römische Kaiser Claudius die Siedlung der Ubier zu einer römischen Stadt: Colonia Claudia Ara Agrippinensium. Übersetzt bedeutet das: eine Stadt römischen Rechts, die dies unter Kaiser Claudius wurde, mit einem Altar für die Göttin der Agrippinenser – kurz CCAA. Die Ernennung zur Stadt war der Beginn ihrer ersten Blütezeit. Agrippina die Jüngere (15/16 n. Chr.–59 n. Chr.) war damals auf dem Höhepunkt ihrer Karriere, verheiratet mit Kaiser Claudius (10 v. Chr.–54 n. Chr.), der ihren Sohn aus erster Ehe, den späteren Kaiser Nero (37–68 n. Chr.), als seinen eigenen annahm. Doch ihr Weg zum Ruhm war steinig: Agrippinas Bruder, Kaiser Caligula, verehrte seine drei Schwestern wie Göttinnen, ließ sie jedoch später verbannen. Sie heiratete zweimal; beide Männer starben. Beim Tod ihres dritten Mannes, Claudius, soll Agrippina ihre Hände im Spiel gehabt haben. Danach wurde ihr Sohn zu Kaiser Nero, doch dieser ermordete seine Mutter. Die Kölner jedenfalls ehren sie mit einer Figur am Rathausturm, mit der Agrippinawerft am Rheinauhafen und der Jungfrau im Kölner Dreigestirn.

Römisch-Germanisches Museum im Belgischen Haus, Cäcilienstraße 46, 50667 Köln

DER DOM –
EINE MARKE

Sie eignen sich einfach zu gut für künstlerische Darstellungen: die zwei Türme des Kölner Doms. Kein Wunder, dass sie von Stadt und Unternehmen schon früh als Markenzeichen genutzt wurden. Auf dem Plakat des Kölner Krimifestivals »Crime Cologne« schießt ein Verbrecher einen Dom aus der Pistole. Der Kölner Zuckerhersteller Pfeifer & Langen hat zwei Zuckerhüte, die an die Domtürme erinnern, zu seinem Markenzeichen gemacht. Auch der traditionsreiche Kofferhersteller Rimowa nutzt die berühmte Silhouette. Der Kölner Zoo verbindet in seinem Logo die Domspitzen mit den Beinen eines Elefanten, und das Markenzeichen der Stadt Köln sind zwei stilisierte Türme auf rotem Grund. Doch nicht immer kommt eine solche Verwendung des Doms gut an. Als das Wirtschaftsdezernat im Jahr 2014 ein neues Logo mit zwei Türmen und einer Rheinwelle vorstellte, witzelten viele Kölner: Dafür hat die Stadt viel Geld bezahlt?

Kölner Dom, Domkloster 4, 50667 Köln

VON TÜNNES UND SCHÄL

Kennzeichen von Originalen ist, dass sie stadtbekannt sind und tatsächlich gelebt haben. Doch die bekanntesten Kölner Originale sind Erfindungen: Tünnes und Schäl. Der Gründer des Hänneschen-Theaters, Johann Christoph Winters (1772–1862), brachte den Tünnes, den bauernschlauen Antonius, auf die Bühne. Sein Partner wurde Schäl, der Schielende, was auf Kölsch so viel wie schlecht oder falsch bedeutet. Er trägt einen Frack und steht für die Geschäftstüchtigkeit und Verschlagenheit der Stadtmenschen. Auch wenn Tünnes und Schäl erfunden sind, kann man ihnen dennoch begegnen: am Platz vor Groß Sankt Martin. Dort steht ihre Bronzefigur, von Wolfgang Reuter geschaffen. Die Nase von Tünnes glänzt so schön, weil das Reiben an ihr Glück bringt. Am Kölner Dom und am Fotogeschäft Lambertin gibt es ebenfalls Skulpturen von ihnen. Neben Tünnes und Schäl hat Köln viele weitere Originale: Orgels Palm (1801–1882), Lehrer Welsch (1848–1935) oder auch Willy Millowitsch (1909–1999), den Direktor und Schauspieler des gleichnamigen Theaters. Wer sie kennenlernen möchte, muss nur fleißig kölsche Musik und Erzählungen hören oder ins Theater gehen.

An Groß Sankt Martin, 50667 Köln

KAPPESROLLEN
IN VOGELSANG

Das ist Kappes, sagen die Kölner gern und drücken damit aus, dass etwas Unsinn ist. Doch was bedeutet der Begriff Kappes eigentlich? Und was soll Kappesrollen sein? Kappesrollen ist ein ungewöhnlicher Wettbewerb, den die Bewohner des Stadtteils Vogelsang pflegen. Nach dem Zweiten Weltkrieg gab es nirgendwo genug zu essen und wenige Vergnügungen, doch die Vogelsanger hatten ausreichend Kappes, auf Hochdeutsch Weißkohl. Also schlugen Josef Hamacher (1897–1981) und zwei weitere aktive Vogelsanger vor, Kappes und Vergnügen zusammenzubringen und erfanden das Kappesrollen. Seit 1949 küren die Bewohner

jährlich an jedem zweiten Septemberwochenende eine Kappesrollerin oder einen Kappesroller. Die Siedlung Vogelsang entstand als Stadtrand- und Erwerbslosensiedlung in den 1930er Jahren. Durch die großen Nutzgärten an den Siedlungshäuschen konnten sich die Vogelsanger selbst mit Lebensmitteln versorgen. Das Vogelsanger Kappesrollen läuft nach strengen Regeln ab: Der Kappes darf nur gerollt, nicht geschubst, getragen oder geworfen werden. Anfangs durften nur Frauen ab einem Alter von 30 Jahren am Wettbewerb teilnehmen. Als sich jedoch immer weniger Vogelsangerinnen zum Kappesrollen anmeldeten, handelte die Bürgervereinigung pragmatisch: Heute dürfen auch Männer, Jugendliche und Kinder mitmachen. Die Vogelsanger verbinden ihr Kappesrollen mit einem Volksfest. Für Speis, Trank und Spiel sorgen örtliche Vereine, Jugendgruppen sowie Schulen und Kindergärten. Und wenn das Wetter schlecht ist, sind sich die Teilnehmer nicht zu schade, ein Kohlblatt als Kopfbedeckung aufzusetzen. An Josef Hamacher, an einen der Mitbegründer des Wettbewerbs, erinnert in Vogelsang ein Platz.

Vogelsanger Markt, 50829 Köln

EIN HAFEN DER FRAUEN

Hunderte Häfen gibt es am über 1.200 Kilometer langen Rhein. Doch nur Köln hat einen Hafen, der den Frauen gewidmet ist. Im Rheinauhafen, heute ein Wohn- und Gewerbegebiet, sind nicht nur eine Werft und die Uferstraße nach der Gründerin von Köln, Kaiserin Agrippina (15/16 n. Chr.–59 n. Chr.), benannt, auch sechs weitere Straßen und Plätze erinnern hier an das Wirken berühmter Frauen. Anna Maria von Schürmann (1607–1678) galt zu ihrer Zeit als die gelehrteste Frau Europas. Die Klosterfrau Maria Clementine Martin (1775–1843) erfand und vermarktete den weltbekannten Melissengeist. Katharina Schauberg (1779–1845) betrieb nach dem Tod ihres Mannes die familieneigene Druckerei erfolgreich weiter. Anna Schneider (1845–1835) gründete den ersten Arbeiterinnenverein. Die Stifterin Laura von Oelbermann (1846–1929) engagierte sich für bürgerliche Frauenvereine und ermöglichte unter

anderem den Bau des Evangelischen Krankenhauses Weyertal. Die Goldschmiedin Elisabeth Treskow (1898–1992) entdeckte eine alte etruskische Technik wieder und schuf mit ihr schöne Stücke. Zudem unterrichtete sie an den Kölner Werkschulen. Und dann gibt es hier den FrauenMediaTurm. Dazu jedoch an anderer Stelle mehr.

Rheinauhafen, 50678 Köln

EUROPAS LÄNGSTE TIEFGARAGE

Köln ist eine Autostadt. Vielleicht wird sich das irgendwann ändern, wenn in Zukunft mehr Fahrräder als Autos in der Stadt unterwegs sein sollten. Aber noch kann der Rheinauhafen mit Europas längster Tiefgarage werben. Das Parkhaus zieht sich vom Schokoladenmuseum bis zum Agrippina-Ufer. Es ist 1,6 Kilometer lang und verfügt über fast 1.400 Stellplätze. Wer hier parkt, sollte sich unbedingt merken, wo genau er oder sie das Auto abgestellt hat. Allerdings hat der Betreiber ein ausgeklügeltes Park- und Wegeleitsystem anlegen lassen, das 2010 mit dem renommierten Designpreis »red dot design award« ausgezeichnet wurde. Ob es wirklich dabei hilft, den Wagen wiederzufinden, kann jeder selbst testen.

Harry-Blum-Platz, 50678 Köln

DER BUTZ

DREHKREUZ DES WESTENS

Der Butz hat rein gar nichts mit Butzenscheiben zu tun, obgleich das Hauptgebäude große Fenster besitzt: Der Butz ist der alte Flugplatz von Köln und steht für Butzweiler Hof. Dieser war einst einer der bedeutendsten Flughäfen Deutschlands, das Luftkreuz des Westens und Teil der ersten zivilen Luftfahrtlinie Berlin-Köln-Paris. Hier landete Graf von Zeppelin im Jahr 1909 mit dem größten Luftschiff der Welt. Schon auf Karten aus dem 13. Jahrhundert ist an dieser Stelle der Potzweyler, ein landwirtschaftlicher Hof, aufgeführt. 1911 entstanden quasi aus dem Nichts eine Flugzeugwerft, eine Kraftwagenhalle, Flugzeughallen, zwei unterirdische Betriebsstoffanlagen und ein Bremsstand. Am 13. Mai 1926, passenderweise dem Himmelfahrtstag, begann die Lufthansa vom Butz aus regelmäßig die Strecke Berlin–Köln–Paris zu fliegen. Im Ersten Weltkrieg starteten von hier aus Flieger in die große Westschlacht, im Zweiten Weltkrieg wurde er zum Drehkreuz des Westens und hatte großen Anteil am Leid der Menschen in Europa. Nach dem Krieg rückten die Briten als Besatzer in den Flughafen ein, und die

Alliierten entzogen Deutschland die Lufthoheit. Bis in die 1960er Jahre wurde der Butz von den Briten und der NATO militärisch genutzt, danach ausschließlich von Sportpiloten. Seit 1980 starten und landen hier keine Flugzeuge mehr. Das Gelände steht zum Großteil unter Denkmalschutz und wird für Veranstaltungen genutzt. Auf den ehemaligen Landebahnen und im Umland wurden Wohnungen gebaut. Hier stört kein Fluglärm. Im einstigen Hauptgebäude erinnert eine Ausstellung an die Geschichte der Luftfahrt, unter anderem an die »Bachstelze«, Liesel Bach (1905–1992). Sie gehörte ab den 1930er Jahren zu den ersten erfolgreichen Kunstfliegerinnen. Als erste Frau überflog sie nach dem Zweiten Weltkrieg den Himalaya und gewann 1963 die Europameisterschaften im Kunstfliegen. Einen schwarzen Schatten auf ihr Leben wirft jedoch ihre Arbeit als Ausbilderin bei der Luftwaffe im Nationalsozialismus. Bachstelze wurde Liesel Bach übrigens wegen ihrer langen Beine und ihrer Flugkunst genannt. In Köln gibt es zwar einen Bachstelzenweg, doch dieser trägt seinen Namen tatsächlich in Anlehnung an den Vogel.

Butzweiler Straße 35–39, 50829 Köln

Und eine Bachstelze

DER VERBUNDBRIEF

Manchmal trödeln die Kölner gern, aber in einer Sache waren sie seinerzeit besonders flink: Sie etablierten als erste eine demokratische Verfassung und schrieben diese im Verbundbrief von 1396 fest. Bis zu diesem Jahr hatte in Köln die Richerzeche das Sagen. Ihr Name steht nicht in Verbindung mit der Nase, sondern sie war ein Zusammenschluss der reich Geborenen. Das aufstrebende Handwerk und das Bürgertum schlossen sich in Zünften zusammen, die wiederum Gaffeln bildeten, und schickten aus ihren Reihen Vertreter in den Rat der Stadt. Im Verbundbrief von Köln sind 22 Gaffeln aufgezählt, die Ratsmitglieder wählen konnten. Die Zusammensetzung des 49-köpfigen Rats wurde in einem komplizierten Verfahren bestimmt, bei dem manche Gaffeln einen Sitz und andere mehrere Mandate bekamen. Dadurch sollten möglichst viele Bürger an der Arbeit des Rats beteiligt werden. Doch schon wenige Jahre später waren Ämter wieder vorrangig in den Händen bestimmter Familien. Die Begriffe Richerzeche und Gaffel kommen aus der Kulinarik. So stand Richerzeche für das gemeinsame Tafeln der Reichen, Gaffel für die zweizinkige Gabel, die Bürger zum Essen mit den anderen Mitgliedern der Gaffel mit sich führten.

Kölner Rathaus, Rathausplatz 2, 50667 Köln

KÖLSCH ZE TRINKE – DIE KÖLSCH-KONVENTION

Kölsch ist das Bier der Kölner und wird aus sogenannten Stangen getrunken. Die Marke ist innerhalb der Europäischen Union sogar geschützt. 1985 haben die Kölner Brauereien die Kölsch-Konvention unterzeichnet. Laut dieser Übereinkunft ist Kölsch ein helles, hochvergorenes, hopfenbetontes, blankes, obergäriges Vollbier aus Wasser, Hopfen und Malz, das nach dem Reinheitsgebot von 1516 hergestellt wird. Nach dieser Aufzählung muss man erst einmal Luft holen, bevor man sich ein Glas gönnt. Außerhalb der Stadt Köln darf zwar ein ähnliches Bier gebraut, aber nicht Kölsch genannt werden. So wie Champagner nur Champagner heißen darf, wenn er aus der entsprechenden Region kommt. Damit ist Kölsch quasi der Champagner von Köln! Geschmack und Aussehen des heutigen Kölsch hat die Brauerei Sünner im Jahr 1918 geprägt. Bier genoss man natürlich schon viel früher in Köln. Im Mittelalter galt es als Grundnahrungsmittel. Wer sich in einem Kölner Brauhaus unbeliebt machen möchte, sollte sich etwas anderes als ein Kölsch bestellen. Ein Wasser wird gerade noch geduldet, doch eine heiße Schokolade oder gar ein Düsseldorfer Alt ziehen garantiert eine freche Bemerkung des Köbes, des Kölner Kellners, nach sich.

Gebr. Sünner GmbH & Co. KG Brauerei und Brennerei, Kalker Hauptstraße 260, 51103 Köln

DIE ERSTE ROLLTREPPE
IN EINEM KAUFHAUS

Die Eröffnung des Kaufhauses Tietz in der Hohe Straße 45 setzte 1914 völlig neue Maßstäbe: Es war das größte und modernste Kaufhaus Deutschlands. Luxusgüter, Lebensmittel, Dinge des täglichen Bedarfs waren in einem riesigen Haus vereint und zogen täglich Hunderte Kauflustige an. Vor allem jedoch baute das Kaufhaus im Jahr 1925 die erste Rolltreppe in Deutschland ein, um das Einkaufen besonders bequem zu gestalten. Erfunden wurde die Rolltreppe in den USA. Mit vor Staunen geöffneten Mündern fuhren die Kölner hoch und wieder herunter. Sie kauften fleißig ein, das Kaufhaus Tietz expandierte und wurde in Deutschland zu einer bekannten Marke. Doch wie so vieles in Köln änderte sich auch dies mit der Übernahme der Macht durch die Nationalsozialisten. Die Familie Tietz musste ihre Anteile unter Wert an Banken abgeben, weil sie jüdischer Herkunft war, und emigrieren. Ähnlich erging es den Eigentümern von Hertie in Berlin, die mit der Kölner Familie verwandt waren. Die Bomben auf Köln zerstörten das Kaufhaus und die Hohe Straße.

Hohe Straße 41–53, 50667 Köln

VON SUTI
UND HOCHKIRCHEN UND EINEM
KLÖSTERCHEN

In Köln heißt es: »Kannst du mir was vom Suti an der Rhöndorfer mitbringen?« oder »Der Hochkirchen am Manderscheider Platz hat doch noch auf?« Imis, die Zugezogenen, verstehen dann meist nur Bahnhof. Sie suchen vergeblich nach einem Suti und finden keinen Hochkirchen. Da hilft es ihnen auch nicht, den Kölner Dialekt zu lernen, denn Suti und Hochkirchen haben allein mit der Liebe der Kölner zur Tradition zu tun. So war Suti ein Lebensmittelgeschäft, mit vollem Namen Sutorius, das inzwischen von einer bekannten Supermarktkette übernommen wurde, und Hochkirchen ein Café, das heute einer Großbäckerei gehört. Bei so viel Gerede vom Einkaufen bekommt man direkt Lust, genau das zu tun. »Ich geh dann mal zum Stüssgen.« »Wo ist der denn?«, kommt als Antwort. Ach ja! Im Stüssgen kann man immer noch Lebensmittel kaufen, nur dass die Geschäfte längst zu einer anderen Kette gehören. Doch spätestens bei dem Satz: »Ich habe im Klösterchen entbunden«, kommt der Imi endgültig ins Grübeln. Klösterchen meint natürlich das Krankenhaus der Augustinerinnen in der Südstadt. Am Eingang des Gebäudes finden sich sogar beide Namen: Krankenhaus der Augustinerinnen und Severinsklösterchen.

Krankenhaus der Augustinerinnen Köln, Jakobstraße 27–31, 50678 Köln

PASS UP,
DE AAP KOMMT

Früher hieß es in Sülz: »Durch die Palanterstraße gehst du besser nicht. »Da kriegst du eins auf die Mütze.« Die Straße, in der »de Aap«, der Affe, wie der Boxer Peter Müller (1927–1992) in Köln genannt wurde, aufgewachsen ist, war berühmt-berüchtigt. Der fünfmalige deutsche Boxmeister lernte hier, dass es wichtig ist, sich verteidigen zu können. Seinen Spitznamen erhielt er, weil er sich beim Boxen gebückt hielt und seine Arme so lang wie die eines Affen wirkten. Zu fragwürdiger Berühmtheit gelangte Peter Müller, als er 1952 bei der Meisterschaft erst den Ringrichter, dann die Sekundanten niederstreckte und schließlich noch seinen eigenen Manager angriff. Eine lebenslange Sperre vom Boxsport war die Folge. Doch dieses »lebenslang« hielt nur einige Monate. Peter Müller versuchte sich auch als Catcher und Schlagersänger und war im Karneval ein gern gesehener Gast. Der Kölner Fotograf Fred Jaeger, der gleich um die Ecke in einer der besseren Straßen aufgewachsen ist, hat in den 1950er Jahren tolle Aufnahmen von ihm gemacht.

Wohnhaus von Peter Müller, Palanterstraße 22, 50937 Köln

SCHAUFENSTER
IN DIE ANTIKE

Stellen Sie sich vor, Sie legen sich einen wertvollen Teppich in ihr Esszimmer. Das Haus verfällt; Neues wird darübergebaut. Dann dauert es weitere 2.000 Jahre, bis jemand ihren schönen Teppich im Keller entdeckt. Das ist die Geschichte des Dionysos-Mosaiks im Römisch-Germanischen Museum. Mitten im Zweiten Weltkrieg wurde vor dem Südportal des Kölner Doms ein Bunker gebaut. Dabei entdeckten Bauarbeiter einen besonders schönen Mosaikfußboden. Hier musste eine reiche römische Familie gewohnt haben. Das Mosaik stammt aus dem 3. Jahrhundert unserer Zeitrechnung und ist dem Dionysos gewidmet. Betrunken stützt sich der Weingott auf einen Begleiter; sicher hat er in diesem Raum einige Feiern gesehen. Ein bis zwei Millionen Steine haben die Handwerker schätzungsweise hier verlegt. 1949 gruben Archäologen das Mosaik fachgerecht aus. Die Kölner waren so begeistert von diesem »Teppich«, dass sie ein Museum darüber errichteten: das Römisch-Germanische. Zurzeit wird das Museum renoviert. Im Belgischen Haus am Neumarkt ist eine kleine Auswahl der Sammlung zu sehen. Das Mosaik allerdings kann weiterhin durch die Scheiben des Gebäudes von außen bewundert und bei Führungen besichtigt werden.

Römisch-Germanisches Museum, Roncalliplatz 4, 50667 Köln

ASTRO-ALEX UND DAS ALL

Wir haben ihn gesehen, kichern zwei Grundschülerinnen. Doch wer ist in Köln so berühmt, dass sich schon Kinder nach ihm umdrehen? Alexander Gerst, Astronaut der Europäischen Weltraumorganisation ESA. Astro-Alex, wie er in Köln

genannt wird, hat 2018 als erster Deutscher und zweiter Europäer das Kommando auf der Internationalen Raumstation ISS übernommen und ist durch seine Ansprache an seine ungeborenen Enkelkinder bei Groß und Klein bekannt geworden: »Obwohl ich bis jetzt fast ein Jahr im All verbracht habe und an jedem einzelnen Tag auf die Erde runtergeschaut hab, kann ich mich einfach nicht an ihr sattsehen.« Der Geophysiker, Vulkanologe und Astronaut war der elfte Deutsche im All und hat 363 Tage im Weltraum gelebt und gearbeitet. Der irdische Arbeitsplatz von Alexander Gerst liegt übrigens auf der »schäl Sick«, der rechten Rheinseite. In Porz ist das Europäische Astronautenzentrum EAC

der ESA auf dem Gelände des Deutschen Zentrums für Luft- und Raumfahrt (DLR) beheimatet. Astronauten trainieren hier zum Beispiel auf der Zentrifuge, mit der Schwerelosigkeit simuliert werden kann. Die Wissenschaftler des DLR erforschen gemeinsam mit den Kollegen der ESA die medizinischen Aspekte der Raumfahrt sowie das Sonnensystem. Experimente zur Schwerelosigkeit, zur solaren Wasserreinigung, zur Gravitationsbiologie etc. können Kinder und Jugendliche in den DLR_School_Labs sowie bei Führungen und an Tagen der offenen Tür selbst durchführen. Vielleicht ist unter diesen dann ein weiterer Alex, der später als Astro-Alex II. berühmt wird.

Europäische Weltraumorganisation, Linder Höhe, 51147 Köln

ZUM ABRISS FREIGEGEBEN

Wer am Rheinauhafen entlangschlendert, dem fällt automatisch die rote Fassade mit dem Kranvorbau auf. Obwohl der Getreidespeicher »Silo 23« umgebaut und modern gestaltet wurde, erkennt auch heute noch jeder, dass er einst Teil des hiesigen Hafengeländes war. Noch bis 1996 wurde das inzwischen 90 Jahre alte Gebäude als Lager für Getreide genutzt. Der Speicher war 28 Meter hoch, innen verliefen Silorohre, und er hatte keine Fenster. Das Gebäude stand unter Denkmalschutz, ein Umbau in Wohnungen und Büros galt eigentlich als viel zu aufwendig und unwirtschaftlich. Der Abriss war bereits beschlossene Sache. Doch dann nahmen sich Architekten des Projekts noch mal von Neuem an. Sie entkernten das Gebäude vollständig, fügten zwölf Geschosse und Fenster ein und sicherten es mit einer wasserdichten Betonwanne gegen Hochwasser. Die rostrote Fassadenfarbe, die Kranloggia und das Pyramidendach, das wie ein Helm wirkt, ziehen die Blicke auf sich. Auch der Ausblick aus den Büros ist spektakulär: Von den oberen fünf Etagen hat man freie Sicht auf den Kölner Dom. So ist das zunächst als unwirtschaftlich eingeschätzte Projekt ein Erfolg geworden.

Agrippinawerft 22, 50678 Köln

HENKELMÄNNCHEN

Sie sieht aus wie ein Henkelmännchen, neben ihr gibt es ein Restaurant namens Henkelmännchen, aber sie ist kein Blechbehälter für warmes Essen, sondern eine Veranstaltungshalle. Die Lanxess-Arena wurde innerhalb von zwei Jahren nach Entwürfen des Kölner Architekturbüros Böhm als »Kölnarena« gebaut und 1998 eröffnet. Der 76 Meter hohe Bogen, der für den Henkel steht, besteht aus zehn Stahlteilen. An ihm ist die Decke der Veranstaltungshalle aufgehängt, die über 20.000 Sitzplätze verfügt. Der Innenbereich der Halle kann in eine Eisfläche verwandelt werden. Das Eishockeyteam »Kölner Haie« nutzt sie als feste Spielstätte. An fast jedem Tag findet hier eine Veranstaltung statt. Basketball- und Handballspiele, Konzerte oder Comedy-Auftritte ziehen Tausende Besucher an. Die umliegenden Bauten entstanden zeitgleich. In ihnen befinden sich Teile der Stadtverwaltung und das Restaurant Henkelmännchen, das allerdings später als die Arena seinen Namen bekam. Ein Augenzwinkern war bestimmt dabei.

Willy-Brandt-Platz 3, 50679 Köln

DER DICKE HERKULES UND DER DICKE PITTER

Die Kölner lieben es dick: Ob Kran oder Glocke, sie verwenden gern dieses Adjektiv. Und tatsächlich war der Dicke Herkules nötig, um den Dicken Pitter auf einen Tieflader zu heben und zum Kölner Dom zu transportieren. Das geschah vor fast 100 Jahren. Der Glockengießer Heinrich Ulrich (1876–1924) goss den Dicken Pitter, die berühmte Petersglocke, seinerzeit in Apolda für den Kölner Dom. Eine Bahn transportierte die wertvolle Fracht 1924 zum Kölner Hafen. Dort hievte der Dicke Herkules sie auf einen Tieflader, der die Glocke zum Dom brachte. Der Dicke Herkules konnte 30 Tonnen bewegen, die Glocke selbst hatte ein Gewicht von 24 Tonnen. Viele Schaulustige begleiteten das große Ereignis. Anfangs wurde der Kran durch Muskelkraft bewegt, 1906 bekam er einen elektrischen Antrieb, als erster Kran im Rheinauhafen. Obgleich dieser längst nicht mehr als Hafen genutzt wird, steht der Dicke Herkules immer noch dort. Bis 2016 war der Dicke Pitter die größte am geraden Joch freischwingende Glocke. Seit sich Bukarest für seinen Dom eine neue Glocke gönnte, ist sie dies nicht mehr, dafür aber weiterhin die tontiefste freischwingende Glocke der Welt. Als im Jahr 2011 der Klöppel des Dicken Pitters abbrach, wurde zum Glück niemand verletzt. Der Krach war deutlich auf der Domplatte zu hören und die Erdbebenmessstationen im Dom registrierten den Aufprall. Danach wurde der ursprüngliche Klöppel mit einem Gewicht von 800 Kilogramm durch einen leichteren ersetzt. Doch dick nennen die Kölner ihre Petersglocke immer noch.

Hafenkran Dicker Herkules, Agrippinawerft 30, 50678 Köln

FRAUEN, MEDIEN UND EIN TURM

Gestiftet von Frauen, umgebaut von einer Frau, um dort Medien für Frauen zu produzieren – das ist der FrauenMediaTurm im Rheinauhafen. Noch bevor der Rheinauhafen mit Wohnungen, Büros und einer Flanier- und Ausgehmeile erschlossen wurde, eroberten Frauen dort im Jahr 1994 den sogenannten Bayenturm und machten ihn zum FrauenMediaTurm. Der mittelalterliche Befestigungsturm beherbergt das Feministische Archiv und Dokumentationszentrum, das seit 1984 eine einmalige Sammlung von Texten und Bildern zur Frauenbewegung aufgebaut hat. »Emma«, die bekannteste feministische Zeitschrift Deutschlands, hat mit ihrer Gründerin Alice Schwarzer hier ihren Sitz. Interessierte können im virtuellen Leseraum in allen Emma-Ausgaben schmökern. Zudem finden Veranstaltungen und Ausstellungen statt, alle ganz im Zeichen der Frauen und des Feminismus. Der Turm war einst Teil der Stadtmauer und bis zur Vollendung des Doms Wahrzeichen von Köln. Den Ausbau zu einem modernen Medienturm mit Büros übernahm die Architektin Dörte Gatermann. Mit Hilfe eines Himmelsauges und reflektierender Oberflächen sorgte sie für gute Lichtverhältnisse zum Arbeiten.

Bayenturm, 50678 Köln

UND ÜBERALL

DER DOM

Egal, ob man von Aachen aus über die Autobahn nach Köln fährt, mit dem Fahrrad eine der Rheinbrücken überquert oder mit der Bahn von Berlin kommt: Von fast überall sind die zwei Türme des Kölner Doms zu sehen. Zum einen gehört der Dom mit 157 Metern Höhe zu den größten Kirchen Europas. Zum anderen ist der Titel UNESCO-Weltkulturerbe damit verbunden, dass Köln den Blick auf den Dom nicht mit Häusern verbauen darf, die höher sind als er. Der Nordturm des Doms ist übrigens mit 157,18 Metern vier Zentimeter kürzer als der Südturm. Ob sich die Baumeister da vertan haben? Keineswegs. Ende des 19. Jahrhunderts war dies eher ein Zeichen von besonderer Präzision.

Domkloster 4, 50667 Köln

DA SPUKT DER HUBERT HOCHHUT

In einem Kölner Haus der Familie von und zum Pütz soll Hubert Hochhut einst sein Unwesen getrieben haben. Rief ein Vorbeieilender seinen Namen, warf Hubert ihm Erbsen nach. Im Haus ließ er die Schweine frei oder entrahmte die Milch. Diejenigen, die ihn gesehen haben, beschrieben ihn als kleinen Mann mit einem hohen Hut. Sein Name kam also nicht von ungefähr. Bald hatten die Leute genug von dem Unsinn, den Hubert Hochhut trieb. Einige Männer taten sich zusammen, um ihn mit einem Bann zu belegen, doch Hubert Hochhut überlistete sie. Schließlich gelang es anderen, ihn in die Wahner Heide zu verjagen. Dort soll er noch heute Unsinn treiben. Wer als Wanderer in der Wahner Heide unterwegs ist, sollte also aufpassen: Wenn Erbsen herumfliegen, könnte durchaus Hubert Hochhut dahinterstecken. Trotz dieses widrigen Kerls lohnt sich ein Spaziergang in dieser Gegend besonders im Sommer. Dann blüht das Heidekraut prächtig in Pink und Rot.

Wahner Heide, 51147 Köln

GRÖSSTE POP-ART-SAMMLUNG EUROPAS

Wer moderne Kunst mag, ist im Museum Ludwig an der richtigen Stelle. Hier hat die Stadt Köln die größte Pop-Art-Sammlung in Europa zusammengetragen. Doch wie kam Köln zu diesem Reichtum? Bereits in den 1960er Jahren hatten die Sammler und Schokoladenfabrikanten Irene (1927–2010) und Peter Ludwig (1925–1996) angefangen, die in Deutschland noch unbekannte und zum Teil belächelte Pop Art zu kaufen. 1976 schenkten sie der Stadt Köln 350 Werke moderner Kunst. Ihre einzige Bedingung war, dass Köln dafür ein Museum bauen sollte. So gründete die Stadt das Museum Ludwig, das durch seine Ausstellungen weltweite Berühmtheit erlangte. Roy Lichtenstein (1923–1997), Andy Warhol (1928–1987), Claes Oldenburg (* 1929) und Robert Rauschenberg (1925–2008) sind einige der schillernden Namen, die zur Sammlung gehören. Pop Art gestaltet aus Dingen des alltäglichen Lebens – Medien, Werbung, Stars und Glamour – Kunst und verarbeitet Skandale und Katastrophen. Im POP LAB, das direkt an die Ausstellungssäle grenzt, können sich Besucher selbst in Pop Art versuchen. Das LAB richtet sich besonders an Familien und Schulklassen, die ihr Wissen über Pop Art testen und moderne Kunst kreieren möchten.

Museum Ludwig, Heinrich-Böll-Platz, 50667 Köln

DAUERBRENNER LINDENSTRASSE

Mehr als 34 Jahre, 1758 Folgen, Auszeichnungen unter anderem mit dem Bambi, der Goldenen Kamera und dem Adolf-Grimme-Preis – das sind nur einige Schlaglichter zur traditionsreichsten deutschen Fernsehserie, der Lindenstraße, deren Kulissen in Bocklemünd stehen. Hans W. Geißendörfer erfand und produzierte die Lindenstraße, die von seiner eigenen Kindheit und der britischen Serie »Coronation Street« inspiriert wurde. Aktuelle Bezüge wie das Coming-out eines Seriencharakters, Umweltaktivismus, Rechtsextremismus und Angst vor Islamismus fanden Eingang in die Drehbücher. Viele Schauspieler der Serie, zum Beispiel Marie-Louise Marjan als Helga Beimer, Moritz A. Sachs als Klaus Beimer, Andrea Spatzek als Gabi Zenker und Georg Uecker als Dr. Carsten Flöter sind kaum mehr von ihren Rollen zu trennen. Doch Fernsehgewohnheiten ändern sich. Und so gab es zwar Aufruhr unter den Fans, als die ARD im November 2018 beschloss, die Serie einzustellen, doch die Entscheidung war endgültig: Die letzte Folge lief am 29. März 2020. Bleiben wir neugierig, wo wir die Schauspielerinnen und Schauspieler der Lindenstraße wiedersehen werden.

Geißendörfer Film- und Fernsehproduktion KG (GFF), Freimersdorfer Weg 6, 50829 Köln

EINE NONNE MACHT KARRIERE

Sie war Nonne, doch ihr Konvent wurde säkularisiert. Also stellte sie dank ihres Wissens um Medizinpflanzen Melissengeist her, der alle möglichen Krankheiten heilen sollte. Zwar längst keine Nonne mehr, vermarktete sie ihr Produkt dennoch unter dem Namen »Klosterfrau Melissengeist« und hatte damit enormen Erfolg, und zwar in Köln. Maria Clementine Martin (1775–1843), die Klosterfrau von Köln, soll in der Schlacht von Waterloo verwundete Preußen versorgt haben. Als Dank gewährte ihr der preußische König eine Rente. Diese bildete das Startkapital für ihr Unternehmen. In den damaligen unsicheren Zeiten gab es kaum Medizin, jedoch viele ähnliche Produkte, die Heilung versprachen. Doch Maria Clementine Martins Marke »Klosterfrau« kam gut an. Mit dem Gewinn aus dem Verkauf konnte sie ein Haus erwerben. Nach ihrem Tod ging ihr Erbe an ihren Gehilfen, Peter Gustav Schaeben (1815–1885). Seine Familie führte das Unternehmen weiter. Heute gehört die Marke Klosterfrau Melissengeist einer Schweizer Firma. Doch noch immer sind auf dem Etikett die drei Klosterfrauen und das preußische Wappen abgebildet. Die Kölner und auch viele andere Menschen vertrauen eben gern einer Klosterfrau.

DEM ADENAUER
SING GRÜNGÜRTEL

Wenn es einen deutschen Bürgermeister gibt, der sich durch unkonventionelle Entscheidungen ein Denkmal gesetzt hat, so ist das Konrad Adenauer (1876–1967). Er überzeugte die Kommunisten im Kölner Stadtrat, die Mülheimer Brücke zu bauen, weil man in Russland angeblich Hängebrücken bevorzugte – ursprünglich war die Mülheimer Brücke eine unechte Hängebrücke. Er ließ im Ersten Weltkrieg Lebensmittel für die Bevölkerung horten und setzte sich dafür ein, dass der Grüngürtel, der frühere Verteidigungsring in Köln, nicht zur Bebauung freigegeben wurde. Bei der Gestaltung des Grüngürtels kamen zwei Männer mit Namen Fritz ins Spiel: der Städteplaner Fritz Schumacher (1869–1947) und der Gartenbaudirektor und -architekt Fritz Encke (1861–1931). In den 1920er Jahren, als Köln aus engen mittelalterlichen Gassen und Tausenden Mietskasernen bestand, gestalteten sie den Gürtel in eine grüne Lunge um. Die Kölner nutzen ihren Grüngürtel eifrig zum Spazierengehen, Spielen, Sporttreiben, Gemüse und Obst anbauen. So ist er schließlich doch nicht dem Adenauer, sondern dem Kölner sing Grüngürtel, wie es auf Kölsch so schön heißt.

DE SCHÄL SICK

Zu jemandem, der ins rechtsrheinische Köln zieht, sagen die Kölner: »Da kannst du doch nicht hinziehen. Das ist doch auf der schäl Sick.« Das kölsche Original Schäl ist schlitzohrig und hinterlistig und schielt. Schäl bedeutet so viel wie schlecht sehen oder schlecht sein. Die »schäl Sick«, das rechtrheinische Köln, ist jedoch schon lange nicht mehr schäl. Wo früher Industriebauten dominierten, schießen heute moderne Wohnhäuser wie Pilze aus dem Boden. Und von hier aus hat man den besten Blick auf den Dom. Woher der Begriff »schäl Sick« kommt, ist umstritten. Vielleicht daher, dass die Römer zuerst die linke Rheinseite besiedelten? Vielleicht daher, dass hier Barbaren lebten, die heidnischen Göttern huldigten? Oder stammt er von den Pferden, die die Schiffe den Rhein hinaufzogen und Scheuklappen trugen? Wahrscheinlich spielte all das eine gewisse Rolle. Da die Kölner jedoch ungern Abschied von liebgewonnenen Redensarten nehmen, werden sie den Namen »schäl Sick« bestimmt weiterhin benutzen, auch wenn das rechtsrheinische Köln irgendwann einmal schick sein sollte.

DAS KÖLNER EI

Es rattert laut, wenn eine Bahn über die Gleise fährt. Das ist weder für die Reisenden noch für die Anwohner schön, und so entwickelten Mitarbeiter der Gummiwerke Clouth in Nippes das Kölner Ei. Es besteht aus einer Rippenplatte und einem Rahmen aus Metall, auf dem Schienen befestigt werden können. Zwischen der Platte, dem Rahmen und der Schiene sind Gummiverbindungen, genauer gesagt Elastomer-Profile und -Ringe, angebracht. Diese Gummiteile dämpfen die Schwingungen und reduzieren die Geräusche der Bahnen. Von Köln aus ist das Kölner Ei in alle Welt gereist. Es wird in Marseille, Washington, Boston und London eingesetzt. Allein in Köln sollen Tausende dieser Dämpfer unter den Schienen der Kölner Verkehrsbetriebe verbaut sein, und natürlich hat das Kölnische Stadtmuseum ein Exemplar in seinem Depot. Der Name Kölner Ei kommt daher, dass die Metallplatte dieser Kölner Erfindung oval ist, also wie ein Ei aussieht. Allerdings handelt es sich um ein ganz schön großes Ei oder wie die Kölner sagen würden: ein ziemlich dickes Ei!

Kölnisches Stadtmuseums, Zeughausstraße 1–3, 50667 Köln

NIPPESER TADSCH MAHAL

Das Tadsch Mahal ist ein großer Grabpalast aus dem 17. Jahrhundert. Er befindet sich in Indien und gehört zum UNESCO-Weltkulturerbe. Tausende Besucher bewundern jedes Jahr den Bau mit seiner Kuppel und den Türmen. Das Tadsch Mahal von Nippes hingegen ist ein etwas rätselhaftes Gebäude. Ist es nun ein Trafohaus, eine öffentliche Bedürfnisanstalt oder nur eine Treppe hinauf zu einer inzwischen abgesperrten Bühne, auf der es sich die Menschen gern bequem machen? Bei der Einweihung des aus einem Architekturwettbewerb hervorgegangenen »Pavillon auf dem Wilhelmplatz« im Jahr 1992 gab ihm der damalige Bürgermeister von Köln, Norbert Burger (1932–2012), den Namen. In den vergangenen Jahren diskutierten die Nippeser immer wieder Abriss oder Umgestaltung, um den Wilhelmplatz wieder so schön anzulegen, wie der Marktplatz mit seinen Gründerzeitbauten und seiner Grünanlage um 1900 war. Aber noch steht das Nippeser Gebäude mit den vielen Funktionen und ist ein wunderbarer Platz, um sich zu verabreden: Wir sehen uns dann gleich am Tadsch Mahal!

Wilhelmplatz, 50733 Köln

Krokodil, Strolch, Schwan und Fritz Middelanis

Sie heißen Krokodil, Krokolino, Frika, Strolch, Rheinschwan und Fritz Middelanis, doch es handelt sind weder um Tiere noch um Menschen, sondern um die Rheinfähren von Köln, mit denen man bequem von der einen auf die andere Seite des die Stadt bestimmenden Flusses übersetzt. Fernab von den häufigen Staus auf den Rheinbrücken können Reisende mit Fahrrad, Kind sowie Hund und auf einigen Fähren selbst mit Pkw, Lieferwagen und Motorrad den Rhein überqueren. Außer wenn wie im Februar 2020 Treibholz die Schraube der Fritz Middelanis beschädigt hat. Auch im Winter und bei Hochwasser stellen einige Fähren ihren Betrieb ein. Die Namen Krokodil, Krokolino etc. kann man sich für eine Fähre erklären. Doch wer, bitte sehr, war Fritz Middelanis? Ein Leverkusener Industrieller und der Geschäftsführer der Fähre zwischen Köln-Langel und Leverkusen-Hitdorf, der bis 1955 lebte.

Fähre Weiß-Zündorf Krokodil, Weißer Leinpfad, 50999 Köln und
Fähre Fritz Middelanis, Hitdorfer Fährweg, 50769 Köln

DIE
ZÜNDORFER GROOV

Sie ist nicht zu verwechseln mit dem englischen Groove, einem Musikrhythmus. Wer sich mit der deutschen Sprache auskennt, weiß: Bei der Groov handelt es sich um eine Freizeitinsel. Die Zündorfer Groov war bis ins 19. Jahrhundert tatsächlich eine Insel. Dann versandete sie und wurde zur Halbinsel. Heute nutzen Jung und Alt gern ihre verschiedenen Freizeitangebote. Dazu gehören eine grüne Oase, Sandstrände mit schattenspendenden Bäumen und einem Spielplatz-Schiff, eine Minigolf-Anlage, ein kleiner Jachthafen und die Fähre Krokolino nach Weiß, die Zündorf mit dem Linksrheinischen verbindet. In den beiden Seen, der Unteren und der Oberen Groov, tummeln sich inzwischen Enten, Gänse, Schwäne und Tretboote. Sogar Schildkröten sind zu entdecken. Ein Blickfang ist die Fontäne in der Unteren Groov, und für das Kulinarische sorgt der Zündorfer Markt. Der Verein Groov-Paten e. V. kümmert sich darum, dass das Landschaftsschutzgebiet erhalten und gepflegt wird. Und wer Lust hat, kann natürlich am Abend auf der Groov am Strand grooven, also Musik machen.

Am Markt 1, 51143 Köln

GRÖSSER ALS DER KÖLNER DOM

Mit dem Unternehmen Klöckner-Humboldt-Deutz, kurz KHD, ist der Aufstieg der Autoindustrie in Deutschland verbunden. Hier in Mülheim taten sich zwei Männer zusammen und bauten den ersten Ottomotor der Welt: Nicolaus August Otto (1832–1891) mit der Idee und der Zuckerfabrikant Eugen Langen (1833–1895) mit dem Geld zur Investition in den Bau des Motors. In Mülheim steht heute noch ein Gebäude, das eindrucksvoll an die Größe des Unternehmens erinnert: das Verwaltungsgebäude 23. Es ist 250 Meter lang. In Köln erzählt man sich, dass dieses Hauptgebäude größer als der Kölner Dom ist, dessen Raum ohne Strebewerk 407.000 Kubikmeter umfasst. Mit den an das Gebäude angebauten Fabrikhallen mag das stimmen. Auf jeden Fall ist das Verwaltungsgebäude 23 das längste Industriedenkmal der Stadt. Die angrenzenden Fabrikgebäude sind mit »G.F.D.« gekennzeichnet. Die Abkürzung steht für »Gasmotoren-Fabrik Deutz AG«.

Das Unternehmen ging im Jahr 1872 aus der Motorenfabrik »Langen, Otto und Roosen« hervor. Später arbeiteten die bekannten Autobauer Gottlieb Daimler (1834–1900), Wilhelm Maybach (1946–1929) und Ettore Bugatti (1881–1947) hier. Motoren für die Bahn, landwirtschaftliche Fahrzeuge und Lastkraftwagen der Marke Deutz wurden von hier aus in alle Welt exportiert. Vor Beginn des Zweiten Weltkriegs fusionierte das Unternehmen mit den Klöckner-Werken. Der Betrieb wurde zu einem Hauptproduzenten der Rüstungsindustrie, dessen Erfolg auf Zwangsarbeit beruhte und der zu einem nationalsozialistischen Vorzeigeunternehmen aufstieg. Die Bombardierungen Kölns während des Zweiten Weltkrieges machten fast alle Gebäude dem Erdboden gleich. In den 1950er Jahren erlebte das Unternehmen einen erneuten Aufschwung. Doch erst seit dem neuen Jahrtausend führt es wieder den Namen Deutz AG und produziert von Porz aus. Auf dem ehemaligen Firmengelände zogen Künstler, ein Theater und kleine Unternehmen ein, die allerdings noch nicht wissen, ob sie bleiben dürfen. Jetzt soll dort ein Wohn- und Gewerbepark entstehen.

Deutz-Mülheimer-Straße, 51063 Köln

KÖLNER ODER ADENAUER-GRÜN

In Köln gibt es den Grüngürtel, die Grün Stiftung und auch noch eine spezielle grüne Farbe. Welche Stadt hat das vorzuweisen? Als stadteigene Farbe wird das Kölner Brückengrün, auch Kölner Grün oder Adenauer-Grün genannt, für vier Kölner Rheinbrücken eingesetzt. Seine genaue Bezeichnung lautet Chromoxidgrün. Die Pigmente der Farbe gelten als besonders lichtbeständig, wetterfest und halten Hitze gut aus – Eigenschaften, die besonders für Brücken wichtig sind, deren Anstrich zudem aufwendig und teuer ist. In Kölner Grün erstrahlen die Mülheimer, die Deutzer, die Severins- und die Zoobrücke. Die weiteren vier unterhält der Landesbetrieb Straßenbau NRW, sie sind farblich anders gestaltet. Woher jedoch der Name Adenauer-Grün? Der ehemalige Bürgermeister Konrad Adenauer (1876–1967) wünschte sich eine eigene Farbe für die Kölner Brücken und vergab den Auftrag zur Farbentwicklung an Bayer. Lanxess stellt das Kölner Grün heute noch her.

Deutzer Brücke, Deutzer Werft, 50679 Köln, und Severinsbrücke Koelhoffstraße, 50676 Köln, Mülheimer Freiheit, 51063 Köln, sowie Zoobrücke, Rheinpark, 50679 Köln

DER LÖWENBRUNNEN

Ein kleiner, versteckter Platz inmitten von Köln, umrahmt von Häusern. Wer hier hinkommt, freut sich über den sprudelnden Löwenbrunnen. Doch wenn er näher tritt, wird er nachdenklich: Hier befand sich früher die jüdische Schule Jawne. Heute ist der Platz Gedenkort für die 1.100 jüdischen Kinder aus Köln, die während des Nationalsozialismus ermordet wurden. Er ist nach deren Lehrer Erich Klibansky (1900–1942) benannt, der Kinder im Ausland in Sicherheit brachte und mit seiner Frau und seinen drei Kindern deportiert und in Maly Trostinez ermordet wurde. Die Skulptur hat Hermann Gurfinkel (1916–2004) geschaffen. Auch er ging hier zur Schule, emigrierte 1938 in die USA und wurde dort zu einem bekannten Bildhauer. Der Künstler stellt den biblischen Löwen in den Mittelpunkt des Brunnens. Um das Becken sind Bronzeplatten angebracht. Auf ihnen stehen die Namen der ermordeten Kinder. Gleich nebenan befindet sich der Lern- und Gedenkort Jawne, ein Ort des Gedenkens an die Schoah und der Auseinandersetzung mit der NS-Vergangenheit, aber auch ein Ort der lebendigen Erinnerung und der Gegenwart.

Erich-Klibansky-Platz, 50672 Köln

ZWEI PFERDE
SCHAUEN AUS DEM TURM

Wer durch die Neustadt schlendert, wundert sich vielleicht über die zwei Pferdeköpfe am Turm eines Hauses unweit des Neumarkts. Die Pferde erinnern an die Legende von Richmodis von Lyskirchen, die mit ihrem Mann, Mengis von Aducht, glücklich in ebendiesem Haus gewohnt haben soll. Für damalige Zeiten war ihre Ehe etwas Besonderes: Obgleich sie durch die Eltern arrangiert war, mochten sich die beiden. Als Richmodis während der Pest im Jahre 1357 starb, trauerte ihr Mann sehr. Er musste seine Frau schnell auf dem nahe gelegenen Friedhof St. Aposteln beerdigen, wie dies die Pestgesetze verlangten. In der Nacht nach dem Begräbnis geschah es: Grabräuber brachen den Sarg auf, um Schmuck zu stehlen. Da erwachte Richmodis aus dem Scheintod und ging erschöpft nach Hause. Doch ihr Gatte hielt sie für ein Gespenst und rief laut, dass seine Pferde eher auf dem Heuboden stehen würden, als dass dies seine Frau sei. Als Beweis dafür, wie quicklebendig Richmodis war, rannten seine Schimmel die Treppe hinauf. Und so schauen die Pferde noch heute aus dem Haus und mahnen, dass man die Hoffnung nie aufgeben sollte. Richmodis und ihr Mann sollen noch viele Jahre glücklich miteinander gelebt haben.

Richmodstraße, 50667 Köln

LUST AUF EIS

Diese Portion ist selbst für den größten Eisliebhaber nicht zu schaffen: das fallen gelassene Eishörnchen, Dropped Cone. Der schwedisch-amerikanische Künstler Claes Oldenburg mag es groß und schuf dieses Rieseneis gemeinsam mit seiner Frau, der niederländisch-amerikanischen Künstlerin Coosje van Bruggen (1942–2009). Die Werke der beiden sind von alltäglichen Dingen und Erlebnissen inspiriert und haben üppige Dimensionen. Bekannt wurden die Künstler durch die aus einer Tüte fallenden Pommes frites, die riesige Spitzhacke für die Documenta 7 oder die Löffelbrücke mit Kirsche in Minneapolis. In Köln war das Rieseneis anfangs umstritten, wurde jedoch von Liebhabern moderner Kunst gefeiert. Das Museum Ludwig widmete Claes Oldenburg im Jahr 2012 eine Retrospektive, die seinem Werk am Neumarkt noch mehr Bekanntheit verlieh. Jedenfalls macht das überdimensionale Eishörnchen Appetit auf die kühle Köstlichkeit. Wie gut, dass es in der Innenstadt viele Eiscafés gibt!

Neumarkt 8–10, 50667 Köln

DER DREIKÖNIGENSCHREIN

Es ist das größte, künstlerisch bedeutendste Reliquiar des Mittelalters mit dem wertvollsten Inhalt. So beschreibt das Metropolitankapitel der Hohen Domkirche Köln auf seiner Website den mit Gold und Edelsteinen besetzten Schrein. Kaiser Barbarossa (1122–1190) hatte die Gebeine der Heiligen Drei Könige dem Kölner Erzbischof Rainald von Dassel (zwischen 1114 und 1120–1167) geschenkt, der sie in die Stadt brachte. Natürlich benötigten so wertvolle Reliquien einen besonders schönen Schrein. Nikolaus von Verdun (1130/40–1205), damals für seine feinen Arbeiten berühmt, wurde beauftragt, das Reliquiar zu fertigen. Von überallher pilgerten fortan Menschen in die Stadt, um Gebeine und Schrein zu bewundern, was Köln über Jahrhunderte stetige Einnahmen versprach. Um einen würdigen Ort für den Schrein zu schaffen, begann Köln im 13. Jahrhundert mit dem Bau des Doms in seiner heutigen Gestalt im damals angesagten gotischen Baustil. Heute besuchen jährlich Millionen von Touristen den Kölner Dom und füllen die Stadt mit Leben. Doch richtig nah kann man nur an einem Tag im Jahr an die Heiligen Drei Könige heran: am Dreikönigstag am 6. Januar, an dem die Gebeinklappe des Schreins geöffnet wird.

Domkloster 4, 50667 Köln

FREITREPPE
MIT SCHINKENKESSEL

Sommer, Sonne, Blick auf den Dom. Seit 2015 zieht der Rheinboulevard mit seiner 500 Meter langen Freitreppe Kölner und Touristen magisch an. Von der linken Rheinseite aus zeigt sich bei gutem Wetter besonders abends dort ein buntes, fröhliches Bild der vielen, vor allem jungen Besucher. Doch die Bauarbeiten mussten seinerzeit unterbrochen werden: Obgleich die Kölner Bodendenkmalpflege wusste, dass sich unter dem Areal Wertvolles aus römischer Zeit und dem Mittelalter befindet, war sie über die Qualität der Funde aus 1.700 Jahren Deutzer Geschichte überrascht. Man stieß auf Reste eines halbrunden Pfeilers der Römerbrücke, der ersten festen Brücke über den Rhein im Stadtgebiet von Köln. Weil dieser an einen Kessel zum Kochen von Schinken erinnert, bekam er den Namen Schinkenkessel. Dessen Überreste wurden passgenau in die Freitreppe eingebaut und diese dadurch zu einer Art kleinem Freilichtmuseum.

Hermann-Pünder-Straße 2, 50679 Köln

VON

TEUFELSWETTE, TEUFELSSTEIN

Gleich drei teuflische Geschichten ranken sich um den Kölner Dom. Nur mit Hilfe des Teufels in Kombination mit göttlicher Hilfe soll der erste Baumeister Gerhard von Ryle (um 1210/1215–1271) den Dom vollendet haben. Der Teufel bot diesem eine Wette an: Er versprach, den Dom innerhalb von drei Jahren zu bauen, wenn er dafür die Seelen des Meisters und seiner Familie bekäme. Da Meister Gerhard das nicht einmal dem Teufel zutraute, schlug er ein. Kurz vor der Fertigstellung des Doms bekam es der Meister mit der Angst zu tun und gestand seiner Frau seinen Fehler. Sie ahmte mit Gottes Hilfe einen Hahnenschrei nach. Andere Hähne antworteten ihr und unter riesigem Getöse brach das Bauwerk vor Ablauf der Frist zusammen. Meister Gerhard und seine Familie waren gerettet. Doch der Teufel ließ den Meister nicht ungestraft davonkommen. Er überlistete ihn mit einer zweiten Wette. Diesmal ging es um den Bau einer Wasserleitung aus der Eifel in die Stadt. Meister Gerhard willigte in die Wette ein, weil er sich sicher war, dass der Teufel nicht wusste, wie man eine Wasserleitung über weite Strecken baut. Doch er verlor und stürzte sich vom Dom in die Tiefe, damit der Teufel ihn nicht lebendigen Leibes bekam. Kein Wunder also, dass der Dom im Mittelalter nicht fertiggebaut wurde. Der Baukran auf dem Hauptschiff war über Jahrhunderte Erkennungszeichen von Köln. Die zweite teuflische Geschichte handelt vom Schrein der Heiligen Drei Könige, dem größten Schatz des Kölner Doms. Dem Teufel war der Schatz ein Dorn im Auge. Er warf einen riesigen Stein durch das Dach, doch Gott griff ein und verhinderte die Zerstörung des Schreins. Noch heute weist eine Schrifttafel im Gewölbe des Doms auf die Legende hin. Die dritte teuflische Geschichte im Zusammenhang mit dem Dom handelt vom Guss einer Glocke. Glockengießer Wolf arbeitete mit Eifer daran, doch die Glocke bekam einen Riss. Eine zweite Glocke riss an derselben Stelle. Gießer Wolf schwor, den dritten Guss nicht in Gottes, sondern in des Teufels Namen zu fertigen. Die Glocke gelang, doch beim ersten Läuten zeigte sich erneut ein Riss. Da stürzte sich der Gießer verzweifelt vom Dom. Die Glocke diente fortan nur noch zur Warnung bei schweren Unwettern oder Feuersbrünsten. Zum Glück halten die teuflischen Geschichten die Mitarbeiter der Dombauhütte heutzutage nicht davon ab, den Dom zu hegen und zu pflegen.

Domkloster 4, 50667 Köln

UND TEUFELSGLOCKE

BANANE

Die Banane kommt ja eigentlich aus Afrika, Asien und dem Pazifikraum. Aber es gibt auch eine, die aus Köln stammt und die keine subtropische Wärme braucht. Allerdings ist sie nicht so lecker wie ihr fruchtiges Ebenbild. Thomas Baumgärtel erfand die Kölner Banane 1986 und sprüht sie seitdem auf Flächen in der Stadt. Kurz nach seinem Kunststudium an der Fachhochschule Köln schmückte er mit ihr zum ersten Mal eine Wand. In Köln, einer Stadt der Galerien und Museen, markierte Thomas Baumgärtel mit der gesprühten Banane die Plätze, die ihm gefielen. Eine befindet sich zum Beispiel am MAKK – Museum für Angewandte Kunst Köln. Auf die Idee dazu ist er übrigens während seines Zivildienstes gekommen. Als in dem Krankenhaus, in dem er arbeitete, ein Kreuz mit einer Jesusfigur herunterfiel, ersetzte er die Figur kurzerhand durch eine Banane. Manchmal ist es eben gut, wenn etwas kaputt geht – daraus entsteht Neues.

Banane am MAKK – Museum für Angewandte Kunst Köln, An der Rechtschule, 50667 Köln

KÖLNER CHEFINNEN

Frauen im Mittelalter: rechtlos und von Männern abhängig. So war es vielerorts und noch über viele Jahrhunderte hinweg. Im Mittelalter war streng geregelt, wer welchen Beruf ausüben durfte. In den Zünften schlossen sich die Handwerker zusammen, um ihre Interessen zu wahren. Sie wachten unter anderem darüber, wie die Lehrlinge ausgebildet wurden. Frauen durften und mussten zwar mitarbeiten, sie verloren jedoch nach dem Tod ihres Manns zumeist das Recht, den Beruf allein auszuüben und mussten innerhalb kurzer Zeit wieder heiraten. In Köln gab es jedoch drei Zünfte, in denen Frauen das Sagen hatten: die Goldspinnerinnen, die Garn- und die Seidenmacherinnen. In diesen Zusammenschlüssen gaben die Frauen das Handwerk an ihre Erben weiter. Nach einer bestimmten Frist sollte die Leitung des Betriebs stets wieder an eine Frau übergehen. Nach einer Zunft ist sogar eine Straße benannt: das »Seidmacherinnengässchen«, allerdings erst seit 1987, nachdem der Kölner Frauengeschichtsverein auf die Umbenennung des »Seidmachergässchens« gedrängt hatte.

ASIEN AUF AUGENHÖHE

Als erstes ostasiatisches Museum in Deutschland eröffnete das Museum für Ostasiatische Kunst, kurz MOK genannt, im Jahr 1913 in einem prachtvollen Gebäude am Hansaring. Der österreichisch-schwedische Architekt und Designer Josef Frank (1885–1967) gestaltete die Innenräume, die Sammler Frieda (1874–1945) und Adolf Fischer (1856–1914) füllten sie mit Objekten. Das wilhelminische Deutschland wollte mit Sammlungsstücken aus aller Welt seinen Machtanspruch gegenüber den Kolonialmächten England und Frankreich deutlich machen. Adolf Fischer reiste im Auftrag des Kaisers und kaufte wertvolle Stücke für die Volkskundemuseen Deutschlands und für sich. Mit seinem eigenen Museum in Köln beabsichtigte das Sammlerehepaar

Fischer, dem Publikum eine Begegnung mit Ostasien auf Augenhöhe zu ermöglichen. Das eigens für das Museum gebaute Haus und die besondere Ausstellungspräsentation luden die Besucher ein, sich die Exponate von allen Seiten anzuschauen. Adolf Fischer starb jedoch früh, und so wurde seine Frau eine der

ersten Museumsleiterinnen in Deutschland. Sie heiratete in zweiter Ehe einen Juristen jüdischer Herkunft, Alfred Ludwig Wieruszowski (1857–1945). In der Zeit des Nationalsozialismus entließ Köln Frieda Fischer. Das Ehepaar musste 1944 nach Dresden flüchten. Bomben zerstörten das Museum. 1945 starben sowohl Frieda Fischer als auch ihr Mann. Mit dem Neubau an der Universitätsstraße bekam das Museum für Ostasiatische Kunst im Jahr 1977 wieder einen würdigen Platz. Der japanische Architekt Kunio Maekawa (1905–1986), ein Schüler von Le Corbusier (1987–1965), kombinierte den Bauhausstil mit dem ostasiatischen und gab dem Gebäude damit ein besonderes Flair. Der Blick vom Café durch die bodentiefen Fenster auf den Aachener Weiher ist spektakulär. Noch heute basiert die Ausstellung aus buddhistischer Malerei und Skulptur, japanischer Stellschirmmalerei, Farbholzschnitten, koreanischer Keramik und Lackkunst zum Großteil auf der Sammlung Fischer.

Museum für Ostasiatische Kunst, Universitätsstraße 100, 50674 Köln

VOM WORRINGER BAHNHOF ZUM HANDWERKERINNENHAUS

Das 1864 erbaute Empfangsgebäude des Worringer Bahnhofs wurde unter Denkmalschutz gestellt, 1988 abgebrochen und in Nippes auf dem Gelände einer Kirchengemeinde wieder aufgebaut. Heute beherbergt es das Handwerkerinnenhaus e. V. Das ist aktiver Denkmalschutz in Köln. Pfiffigunde, Kneifzange und Holly Wood – hinter diesen lustigen Namen verbergen sich Angebote des Hauses für Mädchen. Es bietet seit mehr als 30 Jahren Kurse an, in denen Frauen und Mädchen sich im Sägen, Feilen, Löten und Lackieren ausprobieren können. Einige Angebote richten sich an Schulen, die ihren Schülerinnen einen Einblick in handwerkliche Berufe ermöglichen wollen, und an Mädchen, die trotz Schulpflicht nicht mehr die Schule besuchen. Hier lernen sie in kleinen Gruppen, selbst etwas zu fertigen, das sie anschließend sogar verkaufen können. Sie schnuppern in Berufe hinein und bekommen wieder Lust am Lernen. Und sie erfahren, wie es ist, gemeinsam zu arbeiten und in einer Gruppe Konflikte zu lösen. Für Frauen bietet das Handwerkerinnenhaus Wochenendkurse an: Ein Kfz-Pannenkurs, Kurse zu Möbelreparatur und -bau, zu Sanitärarbeiten sowie Kurse in Holz-, Glas- oder Steinarbeiten gehören zum Programm.

Handwerkerinnenhaus, Kempener Straße 135, 50733 Köln

EINE UNGEWÖHNLICHE ARBEIT VON
BEUYS UND HEERICH

Die Kirche St. Alban gleich neben dem Gürzenich ist eine Ruine und Mahnmal für die Kriegstoten. Durch die Türen öffnet sich der Blick ins Innere. Dort steht die Skulptur »Die trauernden Eltern«. Der Schmerz über den Verlust eines Kindes durch Krieg ist selbst dann zu spüren, wenn man die Figuren aus der Entfernung betrachtet. Viele Besucher wissen, dass es sich um die Kopie einer Arbeit von Käthe Kollwitz (1867–1945) handelt, jedoch nur wenigen ist bekannt, dass der Vater aus der Hand des Aktionskünstlers Joseph Beuys (1921–1986) stammt und die Mutter ein Werk seines Studienkollegen Erwin Heerich (1922–2004) ist. Beide waren Meisterschüler bei Ewald Mataré (1887–1965), der den Auftrag an sie weitergab. Die Figuren sind aus belgischem Granit geschlagen. In den 1950er Jahren fand das Denkmal in St. Alban seinen Platz, nachdem die Kirche zu einer Gedenkstätte für die Toten der Weltkriege erklärt wurde. Das Original von Käthe Kollwitz steht auf dem deutschen Soldatenfriedhof Vladslo in Belgien. Hier liegt das Grab ihres Sohnes, Peter Kollwitz (1996–1914), der zu Beginn des Ersten Weltkriegs in Belgien umkam. »Die trauernden Eltern« tragen die Züge von Käthe und ihrem Ehemann.

Quatermarkt 4, 50667 Köln

STEINERNES DOKUMENT IM KÖLNER DOM:

DAS JUDENPRIVILEG

Im Kölner Dom, am Chorumgang, steht eine Steinplatte mit lateinischer Inschrift, die nicht besonders ins Auge fällt. Hier ist in Stein gemeißelt, was jüdischen Bürgern im Jahr 1266 in Köln erlaubt war: Sie durften ihre Toten auf einem eigenen Friedhof außerhalb der Stadt begraben, sie durften Geld verleihen und sie mussten keine höheren Steuern zahlen als Christen. Was damals Privileg genannt wurde, waren die tatsächlichen Rechte der Juden. Erstaunlich in einer Zeit, in der jüdische Bürger vielerorts verfolgt, aus den Städten ausgeschlossen und in eigene Viertel umgesiedelt wurden. Das Besondere am Judenprivileg ist, dass es sich nicht um ein Pergament handelt, sondern dass es als steinernes Dokument im Kölner Dom veröffentlicht wurde. Hier konnten und können noch heute alle lesen, dass jüdische Bürger schon im 13. Jahrhundert in Köln willkommen waren, man muss nur Latein verstehen.

Domkloster 4, 50667 Köln

EINE TISCHTENNISPLATTE NAMENS LIS

Der Stadtteil Nippes ehrte seine berühmte Bürgerin Lis Böhle (1901–1990), indem er einen Park nach ihr benannte. In diesem Park gibt es eine Tischtennisplatte, und diese ist auf digitalen Karten mit dem Namen Tischtennisplatte Lis Böhle verzeichnet. Wäre Lis Böhle noch am Leben, würde sie daraus bestimmt eine Geschichte machen, denn sie erzählte gern Geschichten. Ein guter Titel wäre vielleicht: Dä Schmitzens spille Tischtennis op dä Lis, zu Deutsch: Die Kölner spielen Tischtennis auf der Lis. Die Kölner Mundartdichterin Lis Böhle begann schon als Kind mit dem Schreiben und veröffentlichte als junge Frau Geschichten und Gedichte in Kölner Zeitungen. Beim Rundfunk erzählte sie in Mundart Kölner Schwänke und Anekdoten, die Verzällchen. Als ihr Mann, Hans Schmitt-Rost (1901–1978), ebenfalls Autor, unter den Nationalsozialisten Schreibverbot erhielt, legte sie sich für ihre Publikationen das Pseudonym Köbeschen zu und verdiente den Lebensunterhalt für ihre Familie. Mit der Rundfunksendereihe »Wat dä Schmitzens all passiert« wurde sie in den 1960er- und 1970er Jahren in der Stadt populär. Der Name Schmitz steht synonym für den Kölner an sich, weil er der häufigste Name in der Stadt ist.

Lis-Böhle-Park, 50733 Köln

MILLIONENALLEE AUF MELATEN

Vom Krankenhaus zum Friedhof – die Geschichte des Melatenfriedhofs ist wirklich besonders. Bis zum 18. Jahrhundert befand sich auf dem Gelände ein Heim für Kranke und Aussätzige, »hoff to Malaten« (Hof zu Melaten) genannt. Das Gebiet lag bis zum 19. Jahrhundert vor den Toren der Stadt. »Melaten« kommt aus dem Französischen und bedeutet »krank sein«. Nachdem Seuchen wie die Lepra ausgerottet waren, nutzte die Stadt den Platz als Hinrichtungsstätte. Zum großen Entsetzen der Kölner verfügte Napoleon Bonaparte (1769–1821) vor 200 Jahren, dass Verstorbene nur noch vor den Toren der Stadt beerdigt werden dürfen. Grund dafür war die Hygiene. So wurde Melaten zum wichtigsten Friedhof in Köln, obwohl die Gläubigen eigentlich lieber in der Nähe ihrer Kirche, am liebsten am Dom begraben werden wollten. Allerdings durften bis 1829 auf Melaten nur Katholiken ihre letzte Ruhe finden. Den Protestanten war der Geusenfriedhof im Weyertal vorbehalten, den jüdischen Bürgern bis zum Ende des 19. Jahrhunderts der jüdische Friedhof in Deutz. Auf der breiten Mittelachse des Melatenfriedhofs, der sogenannten Millionenallee, können Besucher die Kölner Wirtschaftsgeschichte nachverfolgen: Die Stifterin Laura Oelbermann (1846–1929), der Chemiker und Gründer der Chemischen Fabrik Kalk, Hermann Grüneberg (1827–1894), der Erfinder des Verbrennungsmotors Nicolaus August Otto (1832–1891) und der Unternehmer Franz Clouth (1838–1910) sind hier begraben. Ganz in der Nähe liegt zudem die Grabstätte der Parfümdynastie Farina. In den Seitenwegen finden sich die Gräber von Künstlern, so zum Beispiel des Fotografen August Sander (1876–1964), der Schriftstellerin Irmgard Keun (1905–1982) und der Schauspielerfamilie Millowitsch. Es lohnt sich, über den Melatenfriedhof zu spazieren, denn hier gibt es überall Kunstwerke der Grabgestaltung zu entdecken.

Piusstraße, 50823 Köln

WO OSCARPREISTRÄGER GEMACHT WERDEN

Eingeleitet von den Worten »Und der Oscar geht an ...« verfolgen jedes Jahr Millionen Menschen gespannt die Verleihung der Filmpreise in Hollywood. Doch wer weiß eigentlich, dass Köln auch Oscarpreisträger hat? Allerdings handelt es sich bei den Kölner Prämierten um Gewinner der Studenten-Oscars, die von der Academy of Motion Picture Arts and Sciences, AMPAS, in Los Angeles vergeben werden. Dreimal gewannen Studierende der Kunsthochschule für Medien Köln, KHM, bereits einen solchen Oscar: 2016 Ahmad Saleh mit seinem Abschlussfilm »Ayny, mein zweites Auge«, 2008 Reto Caffi für »Auf der Strecke« und 1997 Raymond Boy für «Ein einfacher Auftrag«. Ahmad Saleh arbeitet in seinem Animationsfilm eigene Erlebnisse in einem Flüchtlingslager auf. Er erzählt eine Geschichte von Verletzungen und Narben, die auf Gesichtern offenbar werden und in den Erinnerungen für immer bleiben. Studierende der KHM können Inhalte aus den Bereichen Kunst, Medien, Film, Literatur und Wissenschaft in ihrem Studium kombinieren. Durch den Sitz ihrer Bibliothek und Mediathek im ältesten Patrizierhaus Deutschlands, dem Overstolzenhaus aus dem 13. Jahrhundert, hat die KHM einen Bezug zur Kölner Geschichte.

KHM und Overstolzenhaus, Rheingasse 8, 50676 Köln

EIN KÖLNER
CHRISTO

Leider war der berühmte Künstler Christo (1935–2020) hier nicht am Werke, aber die Verhüllung des ehemaligen Rautenstrauch-Joest-Museums am Ubierring 45 sieht fast wie eines seiner Projekte aus. Die Stadt Köln baut das Haus zurzeit zu einer Schule um. Adele (1850–1903) und Eugen Rautenstrauch (1942–1900) haben das Museum Anfang des 19. Jahrhunderts gegründet, nachdem Adele die Sammlung ihres Bruders Wilhelm Joest (1952–1997) mit Stücken von dessen Weltreisen geerbt hatte. Im Zweiten Weltkrieg schwer zerstört, diente das Gebäude zeitweise den Kammerspielen Köln als Spielstätte. Zu diesem Zweck wurden einige Fenster im 1. Obergeschoss zugemauert. Bei der jetzigen Renovierung stießen Bauarbeiter auf Sgraffiti aus den 1960er Jahren von Otto Helmut Gerster (1907–1982), die in ihrer Qualität und ihrem Erhaltungszustand einzigartig sein sollen. Gerster war Professor an den Kölner Werkschulen und hat die Wandmalereien wahrscheinlich mit seinen Schülern gefertigt. Die Kölner können sich auf den Zeitpunkt freuen, wenn die Verhüllungen à la Christo abgenommen werden. Wenn dann bald fröhlicher Kinderlärm die Räume füllt, werden die Wandmalereien wieder zu bewundern sein.

Früherer Museumsbau, Ubierring 45, 50678
Rautenstrauch-Joest-Museum, Cäcilienstraße 29–33, 50676 Köln

DER ANFANG
DER STOLPERSTEINE

Wer mit offenen Augen durch Köln geht, dem blinken an vielen Stellen kleine messingfarbene Steine entgegen: die Stolpersteine. Der Künstler Gunter Demnig begann 1992 in seinem damaligen Atelier in Köln, die Steine zu fertigen und sie in der Stadt zu verlegen. Der erste dieser Stolpersteine in Deutschland liegt vor dem Kölner Rathaus und zitiert den Deportationsbefehl von Heinrich Himmler. Inzwischen haben Gunter Demnig und seine Unterstützer mehr als 75.000 Stolpersteine in fast 30 Staaten Europas angebracht. Sie erinnern an deren ehemalige jüdische Bürger und die Orte, wo diese gelebt haben. Und sie machen deutlich, dass die Menschen, die während des Nationalsozialismus deportiert und ermordet wurden, mitten unter uns waren. Auf die Frage, warum er Stolpersteine verlegt, zitiert Gunter Demnig gern einen Schüler: »Man fällt nicht über die Stolpersteine, man stolpert mit dem Kopf und dem Herzen darüber.«

Rathausplatz, 50667 Köln

EINE
HEIMLICHE GRABUNG

Manchmal kann es gut sein, etwas Verbotenes zu tun. In einem Fall war es das bestimmt: Josef Gens stieß bei Arbeiten im Keller seines Elternhauses am Chlodwigplatz 24 im Jahr 1964 auf große Steinquader. Die Familie meldete sich beim Römisch-Germanischen Museum, um den Fund zu zeigen. Dessen Mitarbeiter waren begeistert von den mit Reliefen versehenen Steinquadern. Als monatelang nichts passierte, begannen Josef Gens und seine Freunde selbst eine archäologische Grabung. Ob sie eine Genehmigung dafür hatten, ist unklar. Nach einem Jahr präsentierten sie ihre Funde erneut dem Museum, das diese als Grabmal des Poblicius aus dem 1. Jahrhundert identifizierte. Zu dieser Zeit galt das Preußische Ausgrabungsgesetz, das es der Familie erlaubte, den Fund selbst zu vermarkten. Der Großzügigkeit von Gens und Co. ist es zu verdanken, dass das Grabmal trotz höherer Angebote 1970 für eine halbe Million Mark vom Römisch-Germanischen Museum aufgekauft werden konnte und zu einem Publikumsmagneten wurde. Es kann auch während der Renovierung des Museums besichtigt werden, allerdings nur bei Führungen.

Römisch-Germanisches Museum, Roncalliplatz 4, 50667 Köln sowie
Fundplatz, Chlodwigplatz 24, 50676 Köln

VON DOMIT ZU DOMID

Aus der Türkei nach Essen und dann nach Kalk in ein ehemaliges Industriegebäude: Noch ist das Dokumentationszentrum und Museum über die Migration in Deutschland, kurz DOMiD e. V., ein Archiv, verbunden mit einer kleinen Ausstellung in Ehrenfeld. Auch ein virtuelles Museum wurde bereits entworfen. Doch hoffentlich wird schon in wenigen Jahren dieses einzigartige Museum über die Menschen, die nach Deutschland einwandern und das Land bereichern, in der Halle 70 des ehemaligen Klöckner-Humboldt-Deutz-Gebäudes in Köln-Kalk entstehen. Der Verein hat eine dreißigjährige Geschichte. Er entstand aus dem Wunsch von Migranten, ihre Erinnerungen an ihre Einwanderung als Gastarbeiter, wie sie damals genannt wurden, festzuhalten. Sie hatten den Eindruck gewonnen, dass ihre Lebensgeschichten nirgendwo Gehör fanden. Aus dem »T« in der Abkürzung des Vereinsnamens, das für die Türkei stand, wurde später ein »D« für die Migration nach Deutschland. Mit Führungen durch die Ausstellung in Ehrenfeld und mit Wanderausstellungen macht DOMiD die 150.000 Sammlungsstücke, die Erzählungen von Zeitzeugen, Briefe und anderen Dokumente, die einmal im Museum gezeigt werden sollen, schon jetzt bekannt.

DOMiD e. V., Venloer Straße 419, 50825 Köln

RIESENGROSSE SONNENBLUMEN

Walter Hoischen ist der Mann der Sonnenblumen. In jedem Frühjahr pflanzt er sie in Sülz, und sie werden riesig groß. Obwohl Sülz durch die Nähe zum Beethovenpark und zum Grüngürtel ein naturnahes Viertel ist, sind die bis zu fünf Meter hohen »Sülzer Riesen« jeden Sommer ein besonderer Hingucker, sogar für Touristen. 2007 hatte Walter Hoischen damit angefangen, von der Euskirchener Straße bis zum Auerbachplatz die Blumen zu pflanzen. Inzwischen wachsen sie auch in der Südstadt und in Weiden. Bevor Walter Hoischen abends Zeitschriften in Kölner Cafés und Restaurants verkauft, gießt er an heißen Tagen seine Pflanzungen. Wenn er sie düngt, entsteigt den Beeten für kurze Zeit ein ländlicher Duft. Es muss ein Superdünger sein, den er da verwendet. Dessen »Geheimnis« lüftet er in der Pflanz- und Pflegeanleitung »Sonnenblumen-Papier«. Immer mehr Sülzer lassen sich von Hoischens Aktion inspirieren, sammeln die Kerne aus den Blütenständen und versuchen selbst ihr Glück. Eins ist allerdings sicher: So groß und schön wie die von Walter Hoischen werden diese Sonnenblumen bisher noch nicht. Er hat ganz offensichtlich zwei grüne Daumen.

Auerbachplatz, 50937 Köln

DER KÖLNER TELLER

Von diesem Teller sollte man besser nicht essen, obgleich er rund ist und die Form eines Suppentellers hat. Der Kölner Teller ist ein Tempostopper für die Straße und wird von einem hiesigen Unternehmen produziert und verkauft. Die runden Scheiben aus Aluguss sorgen dafür, dass Autofahrer langsamer fahren. In vielen Städten ist diese Lösung beliebt, weil die Teller nicht so groß wie Bremsschwellen sind und einfach aufgeklebt werden. Für Fahrradfahrer können sie allerdings gefährlich sein, wenn sie sehr nah am Straßenrand angebracht sind. In Köln befinden sich Kölner Teller zum Beispiel in der Ausfahrt der Tiefgarage des Einkaufszentrums Quincy, ehemals DuMont Carrée, und sorgen dafür, dass die Autos nicht zu schnell auf den Fußweg preschen.

Q-Park DuMont Carré Tiefgarage, Neven-DuMont-Straße, 50667 Köln

VON
PRUNK UND STUNK

Es fing an mit einer Sitzung in der Alten Mensa der Universität zu Köln: Alternativ zum traditionellen Karneval wollte das Studenten-Kollektiv der Fachhochschule zur fünften Jahreszeit mal richtig Stunk machen, das heißt, die Prunksitzungen des Kölner Karnevals verspotten. Gleich in der ersten Session 1984 war die Stunksitzung ausverkauft, und auch heute noch ist es schwer, für sie Karten zu ergattern. Obwohl es bei der Stunksitzung wie im offiziellen Karneval die Sitzungspräsidentin, seit vielen Jahren Biggi Wanninger, einen Elferrat sowie ein Dreigestirn gibt und die Darsteller kostümiert auftreten, kommen bei der Stunksitzung neben der Unterhaltung politische Satire sowie Kritik an Klüngel, Kirche und Karneval nicht zu kurz. Köbes Underground, die Hausband, spielt dazu auf allen möglichen, manchmal ungewöhnlichen Instrumenten und sorgt für gute Stimmung. Die Stunksitzung findet inzwischen im Kölner E-Werk, dem früheren Elektrizitätswerk von Mülheim, statt und trägt somit zum Erhalt der Kölner Industriegeschichte bei. Ironie der Geschichte: Inzwischen gehört sie fest zum Kölner Karneval.

E-Werk, Schanzenstraße 37, 51063 Köln

HIER KOMMT DIE MAUS

Sie ist orangefarben und hat ein eigenes Lied, einen echten Ohrwurm: Die Rede ist von der beliebtesten Maus Deutschlands aus der »Sendung mit der Maus« des Westdeutschen Rundfunks. Sonntags um 9.30 Uhr im Ersten und um 11.30 Uhr bei KiKA schauen Jung und Alt begeistert die Lach- und Sachgeschichten sowie die Trickfilme mit der Maus und ihren Freunden, dem kleinen blauen Elefanten und der Ente. Während der Covid-19-Krise wurde »Die Sendung mit der Maus« sogar täglich gezeigt. Aber die Maus gibt es nicht nur im Fernsehen, sondern auch in digitalen Angeboten wie auf der Website wdrmaus.de, in der erfolgreichen Maus-App und auf ihren Social-Media-Kanälen. Die Programmmacher des WDR erfanden »Die Sendung mit der Maus« 1971. Armin Maiwald

entwickelte damals zusammen mit seinem Team die »Lach- und Sachgeschichten«. Bis heute prägen seine unnachahmliche Stimme und seine typische Erzählweise die Sendung. In Tausenden Sachgeschichten berichtet er seither auf die maustypische, leicht verständliche Art, wie Dinge des Alltags produziert werden und wie sie funktionieren. Zu seinem 80. Geburtstag durfte sich Armin Maiwald seine liebsten Beiträge aussuchen: Seine Favoriten waren die Geschichten von einem Färber im alten Ägypten, von einem reparierten Spielzeugauto, von den Streifen in der Zahnpasta und vom Kaiser von Pogo-Pogo. Und jetzt darf sich jeder überlegen, welche Geschichte er oder sie am besten fand. Wer die Maus persönlich treffen möchte, kann sie in dem Geschäft in den WDR-Arkaden bewundern und auch kaufen, allerdings nur als Plüschtier. Der Weg dahin ist nicht zu verfehlen. Eine große Maus schmückt das Gebäude.

WDR-Gebäude, Breite Straße 17–21, 50667 Köln

EIN
KOPF IM PARK

Ein schöner Park hinter der romanischen Kirche St. Gereon – man möchte hindurchschlendern, sich im Grün inmitten der eng bebauten Stadt erholen. Doch was ist das? Im Gras liegt ein riesiger Kopf. Lüften wir das Geheimnis gleich: Der Kopf gehört dem heiligen Gereon (um 270–304), und seine Geschichte hat viel mit dem christlichen Glauben zu tun. Der Legende nach lebte Gereon in der Nähe von Köln. Er war Christ und weigerte sich, andere Christen zu verfolgen. Darum wurde er verurteilt, enthauptet und sein Leichnam vor den Toren der Stadt in Ehrenfeld, damals noch außerhalb von Köln, in einen Brunnen geworfen. Die Skulptur im Park hinter St. Gereon hat Iskender Yediler 2005 in Erinnerung an ihn geschaffen. Er ist in der Türkei geboren, in Deutschland aufgewachsen, hat an der Akademie der Künste in München und der Kunstakademie Düsseldorf studiert und lebt heute in Berlin. Die Skulptur des heiligen Gereon, an der man nicht einfach vorbeigehen kann, hat er für den Park aus Granit gehauen.

Gereonshof 2, 50670 Köln

STADT DER KUNSTMESSEN

Die »Art Cologne« ist nicht nur die weltweit älteste noch bestehende Messe für moderne und zeitgenössische Kunst des 20. und 21. Jahrhunderts, sondern gehört auch zu den besonders renommierten Veranstaltungen der Branche. Sie geht auf den »Kunstmarkt Köln '67« im Gürzenich zurück. Die Gründer wollten mit der zunächst nur auf Deutschland, dann international ausgerichteten Messe Sammler in die Stadt holen und den Kunstmarkt ankurbeln. Damit hatten sie großen Erfolg. Ab den 1960er Jahren wurde Köln zu einer Galerienstadt, und zwei weitere Kunstmessen siedelten sich hier an. Neben der »Art Cologne« entstanden die »COLOGNE FINE ART & DESIGN« sowie die Messe für zeitgenössische bezahlbare Kunst »Discovery Art Fair Cologne«. Damit ist Köln die an Kunstmessen reichste Stadt in Deutschland. Im Jahr 2020 konnten allerdings leider nicht alle Messen stattfinden.

Kölnmesse GmbH, Messeplatz 1, 50679 Köln

DAS ENDE DES LEICHTEN LEBENS

Ein Traum für jeden Haushalt: Ach, gäbe es doch Heinzelmännchen, die über Nacht alle liegen gebliebenen Arbeiten erledigen! In Köln hat es sie laut einer Legende tatsächlich gegeben. Der Heinzelmännchenbrunnen in der Innenstadt erinnert daran. Eine Schneidersfrau soll der Sage nach aus Neugier ihrem wunderbaren Wirken den Garaus gemacht haben. Sie streute Erbsen auf die Treppen, damit die Heinzelmännchen darüber stolperten und sie einen Blick auf die heimlichen Helfer werfen konnte. Mit lautem Gepolter fielen die Kobolde daraufhin die Stufen hinunter. Doch sie wollten nicht entdeckt werden, darum verschwanden sie anschließend für alle Zeiten. Nun müssen die Kölnerinnen und Kölner wieder selbst ihren Haushalt machen. Viele Bücher und Erzählungen erinnern an die Heinzelmännchen, je nach Geschmack auf Hochdeutsch in Form eines Gedichts von August Kopisch (1799–1853), auf Kölsch oder für Kinder als Pappenbuch und sogar als Comic.

Am Hof 12–14, 50667 Köln

DER ERSTE SUPERMARKT MIT LEUCHTTURM

Der Weg vom Tante-Emma-Laden bis zum Supermarkt war lang. Die Idee der Selbstbedienung wurde in den USA geboren: Käufer sollten eigenständig aus einem breiten Angebot wählen können und sich die Lebensmittel nehmen, die sie besonders ansprachen. 1926 bot das die Konsumgenossenschaft Hamburg erstmals in Deutschland an, allerdings nur in einem Musterladen. 1957 eröffnete Herbert Eklöh (1905–1978) den ersten Supermarkt nach amerikanischem Modell in Ehrenfeld. 2.000 Quadratmeter maß das Geschäft und verfügte damit über eine für damalige Zeiten gigantische Verkaufsfläche. Herbert Eklöh strich viel Gewinn ein und verkaufte den Supermarkt bereits nach kurzer Zeit. Seinen Standort, die Rheinlandhalle, hatten die Helios-Werke 1885 für die Montage elektrischer Geräte und Bauteile errichtet. Der dazugehörige 44 Meter hohe Leuchtturm war das Firmenwahrzeichen von Helios und ist heute noch Erkennungszeichen des Geländes. Dort entstehen zurzeit Wohnungen und Ateliers, Restaurants, Einzelhandelsgeschäfte und die Heliosschule. Clubs wie das Underground mussten dafür weichen. Doch viele Anwohner wünschen sich, dass Kultureinrichtungen mit der Neubebauung zurückkehren.

Ehrenfeldgürtel/Ecke Venloer Straße, 50823 Köln

UND IMMER WIEDER
DIE ELF

Da ist sie wieder: die Elf. Wir sprechen nicht vom Fußball, sondern von einer in Köln besonders beliebten Zahl. Die Karnevalssitzungen haben einen Elferrat mit natürlich elf Mitgliedern. Am 11.11. um 11.11 Uhr beginnt der Karneval. Die heilige Ursula ging mit zehn Jungfrauen im 4. Jahrhundert auf eine Wallfahrt, um der Ehe mit einem Heiden zu entgehen. Aus diesen elf wurden über die Jahrhunderte 11.000 Jungfrauen. Die elf Tränen auf dem Kölner Stadtwappen symbolisieren sie. Manche meinen, dass die Elf noch älteren Ursprungs sei: eine Ausweitung der zehn Gebote des Christentums, die sich im Rheinischen Grundgesetz in elf Artikeln wiederfinden. Besonders beliebte »Gesetzesartikel« sind: »Et es, wie et es« und »Et hätt noch immer joot jejange«, auf Hochdeutsch: »Es ist, wie es ist« und »Es ist noch immer gut gegangen«.

Kölner Wappen in der Eigelsteintorburg, Eigelstein, 50668 Köln

KÖLLE ALAAF
ODER KÖLN FIRST

Die Jecken jubeln »Alaaf!« auf den Wagen im Karneval. Das Publikum winkt und gibt ein »Alaaf!« zurück. Schnell lernen Neuzugezogene, dass sie »Alaaf« und nicht »Helau« rufen sollten. Doch woher der Ausspruch kommt, weiß nicht jeder. Metternich zur Gracht (1592–1669) soll im 17. Jahrhundert mit »Al aff colnisch land denken« gemeint haben, dass Köln über allem steht. Auf Hochdeutsch bedeutet »Alaaf« also »Köln zuerst« oder auf Neudeutsch »Köln First«. Doch warum sollten Touristen in Köln zu Karneval nicht »Helau« rufen? Zwischen den Kölnern und den Düsseldorfern gibt es seit langer Zeit eine Rivalität. Düsseldorf ist die Landeshauptstadt von Nordrhein-Westfalen, Köln die mit einer Million Einwohnern größere Stadt. Die Königsallee in Düsseldorf gilt als die Einkaufsmeile der Reichen und Schönen, durch die Schildergasse in Köln bummeln mehr Besucher. So ist Düsseldorf zwar die schickere Stadt, Köln dafür die »met Hätz«, also mit Herz. Der Düsseldorfer Karnevalsgruß »Helau« soll übrigens erst ein Jahrhundert später als »Alaaf« ins Rheinland gekommen sein. Da sieht man einmal wieder, dass Köln die Karnevalshochburg des Landes ist.

Dreigestirn am Gürzenich, Martinstraße 29–37, 50667 Köln

Ein Kabel verbindet Kontinente

War es nun die Firma Felten & Guilleaume oder waren es die Gummiwerke Clouth oder gar die Norddeutschen Seekabelwerke, die Anfang des 20. Jahrhunderts Europa und Amerika mit einem Telefonkabel verbanden? Auf jeden Fall bewerkstelligte ein Kölner Unternehmen diesen Meilenstein der Kommunikation. Als im 19. Jahrhundert die ersten Versuche starteten, Kabel durch den Atlantik zu verlegen, wurden die Initiatoren ausgelacht. Stahlkabel waren nicht für Seewasser geeignet, die Mission scheiterte. Doch dann gelang der Durchbruch mit einem aus heutiger Sicht so einfach wirkenden Mittel: Das Kabel wurde mit einer Gummihülle isoliert. An diesem Coup beteiligt war das von Johann Theodor Felten (1747–1827) und Franz Karl Guilleaume (1789–1837) gegründete Seilereiunternehmen.

Es stellte zunächst Hanfseile, dann Stahlseile und ab 1853 Telegrafenkabel her. Felten & Guilleaume wuchs so schnell, dass es seine Produktion vom ursprünglichen Firmensitz am Kartäuserwall in größere Hallen nach Mülheim verlagern musste. Zur gleichen Zeit baute die Gummifabrik Clouth in Nippes ihre Verarbeitung von Naturkautschuk aus. Das Unternehmen etablierte einen neuen Geschäftsbereich, die Land- und Seekabelwerke, und erhielt den Riesenauftrag zur Verlegung eines Kabels von Emden nach New York. Doch Felten & Guilleaume erwies sich als stärker, gründete gemeinsam mit der Deutsch-Atlantischen Telegraphengesellschaft die Norddeutschen Seekabelwerke und übernahm die Land- und Seekabelwerke von Clouth. So entstand Verwirrung, wer denn nun das Kabel nach Amerika verlegt hatte. Als Kabelunternehmen existieren Felten & Guilleaume und Clouth nicht mehr. Die Namen sind jedoch geblieben: Auf beiden Werksgeländen entstehen zurzeit Wohn- und Bürogebäude. Draht wird in Mülheim allerdings weiterhin produziert: im DWK Drahtwerk Köln in der Schanzenstraße.

Felten & Guilleaume Carlswerk, Schanzenstraße 6–20, 51063 Köln
Clouth Quartier, Niehler Straße 101–141, 50733 Köln

DIE
KÖLNER SCHNÖRKEL

Manchmal muss man sich eben entscheiden. Aus Tausenden Exponaten wählten die Mitarbeiter des Römisch-Germanischen Museums einige wenige aus, um diese in der Interimsausstellung im Belgischen Haus zu präsentieren. Der Bau neben dem Kölner Dom wird saniert und neu gestaltet. Am Neumarkt können Interessierte währenddessen die einzigartigen und fast 2.000 Jahre alten Kölner Schnörkel bewundern, die früher nicht jeder zwischen den vielen anderen Ausstellungsstücken entdeckte. Ein Kölner Schnörkel besteht aus einem Glasfaden, der frei Hand auf eine Glasoberfläche geworfen wurde und diese dekoriert. Anhand der Form der Schnörkel und der Zusammensetzung des Glases lässt sich erkennen, dass die Gefäße in Köln hergestellt wurden. Dabei sagen die Schnörkel viel darüber aus, wie die Kölner ticken: Sie mögen Verzierungen. Das betrifft die Gestaltung, aber auch die Sprache. Sie tragen aufwendige Karnevalskostüme und hängen gern ein »-chen« an Worte. So nennen sie Barbara das Bärbelchen, Johannes das Hänneschen und verzierte Gläser Kölner Schnörkel.

Römisch-Germanisches Museum im Belgischen Haus, Cäcilienstraße 46, 50667 Köln

SCHÄFERS NAS UND CHICAGO AM RHEIN

Aufschwung und Wohlstand nach dem Zweiten Weltkrieg machten die Kölner glücklich und zogen zugleich die Unterwelt an. Köln galt als das »Chicago am Rhein«. Zwei Größen des Milieus waren Heinrich Schäfer (1937–1997), genannt Schäfers Nas, dessen schöner Name auf seine große Nase zurückging, und sein Rivale, Dummse Tünn, mit bürgerlichem Namen Anton Dumm. Schäfers Nas und Dummse Tünn waren sich für keine Straftat zu schade. Als jedoch im Jahr 1996 ein Vortragekreuz aus dem Kölner Dom gestohlen wurde, war das selbst Schäfers Nas zu viel – schließlich war er Kölner. Dank seiner Kontakte gelangte das Kreuz zurück in den Dom. Er verzichtete auf den Finderlohn, und der Domprobst band ihn dafür in seine Fürbitten ein. Doch selbst das brachte ihm kein Glück. Mit 60 Jahren starb Heinrich Schäfer an Herzversagen. Sein Erbe wurde zwangsversteigert, um seine Schulden zu decken. Ein Denkmal setzte ihm das kölsche Mundarttheater Millowitsch mit seinem Stück »Der König vom Friesenplatz«.

Ein Schiffswrack
im Tor

Die Eigelsteintorburg gehörte zur mittelalterlichen Stadtmauer und beweist noch heute, wie stark die Stadt befestigt war. Doch warum hängt hier ein beschädigtes Beiboot? Ist das moderne Kunst oder ein Mahnmal? Was, vor allen Dingen, hat ein Boot in der Innenstadt zu suchen statt am Rhein? Sagen wir es direkt: gar nichts. Schiffe werden gern nach berühmten Persönlichkeiten oder Orten benannt. So ist es auch bei der SMS Cöln, dem ersten Marineschiff, das seinen Namen von der Stadt Köln hat. Englische Schlachtkreuzer versenkten es gleich zu Anfang des Ersten Weltkrieges 1914. 500 Menschen kamen dabei ums Leben. Nur wenige Tage nachdem das Schiff untergegangen war, trieb ein zerstörtes Beiboot auf Norderney an. 1915 wurde dessen Wrack in Erinnerung an die Katastrophe an der Eigelsteintorburg installiert.

Eigelsteintorburg, Eigelstein, 50668 Köln

CONDOMI – ERSTES SPEZIALGESCHÄFT FÜR KONDOME

Drei Kölner, Oliver Gothe, Peter Klandt und Peter Ruchartz, gründeten 1988 noch während ihres Zivildienstes das Unternehmen condomi. Mit dem gleichnamigen Laden eröffnete in Köln das erste Spezialgeschäft für Kondome in Deutschland. Kauflustige pilgerten in das Belgische Viertel und betrachteten amüsiert die Vielfalt der angebotenen Kondome. In dieser Zeit, in der HIV zur Pandemie wurde, kam condomi eine besondere Bedeutung zu. Über ein Franchisesystem, Im- und Export, Einzel- und Großhandel und den Aufkauf einer Produktionsstätte in Erfurt wurde das Unternehmen schnell größer und über Deutschland hinaus bekannt. Im Jahr 2001 war es sogar europäischer Marktführer. Jährlich produzierte condomi 370 Millionen Kondome. Doch das rasche Wachstum überforderte die Firma. Inzwischen zur Aktiengesellschaft umgewandelt, schrieb das Unternehmen rote Zahlen und geriet in wirtschaftliche Schwierigkeiten. 2007 setzte die Deutsche Börse ihren Aktienhandel aus. Inzwischen ist condomi verkauft worden, und den Laden an der Limburger Straße gibt es nicht mehr. Die Marke besteht jedoch weiter.

Früheres Ladengeschäft, Limburger Straße 22, 50672 Köln

Jet zo

Was zu essen gefällig? Auf Kölsch heißt das: »Jet zo müffele«. Nach einem Spaziergang durch die Stadt ist eine Stärkung dringend nötig. Doch ein Blick auf die Karte einer klassischen Kölner Kneipe oder Brauerei lässt einen mitunter erschrecken: Versteh ich nicht. Kenn ich nicht. Ist auf keinen Fall vegetarisch.

Wer in Köln traditionell essen gehen möchte, sollte mit einem Einheimischen losziehen oder ein Wörterbuch dabei haben. Das Gericht »Himmel un Ääd« hat nichts mit Religion zu tun, eine »Portion Alter Holländer« ist nicht fremdenfeindlich gemeint und der »Halve Hahn« keinesfalls ein Grillhähnchen. Wenigstens den rheinischen Sauerbraten kann man sich mit der Kenntnis eines Sauerbratens an sich erschließen.

Aber keine Sorge: Die meisten Brauereien und Kneipen schreiben unter die kölschen Bezeichnungen inzwischen die hochdeutsche Übersetzung, natürlich für die vielen Imis, die Hinzugezogenen, und für die Touristen. Anhand dieser erkennt man dann, dass der »Halve Hahn« ein halbes Roggenbrötchen mit mittelaltem Gouda, Zwiebeln und Butter und somit sehr wohl vegetarisch ist. Bei »Himmel un Ääd« handelt es sich um gebratene Blutwurst mit Zwiebeln, Kartoffelpüree mit Apfelstücken. Die Äpfel stehen dabei für den Himmel, die Kartoffeln für Ääd. Und die »Portion Alter Holländer« ist natürlich ein guter holländischer Käse. Jedenfalls braucht in dieser Stadt keiner Angst zu haben, nicht satt zu werden. Denn egal, ob die Speisen auf Kölsch oder Hochdeutsch auf der Karte stehen, die Küche ist gut, allerdings häufig auch deftig. – Aber ein Laster muss der Kölner auch haben.

MÜFFELE

DÜXER BOCK UND BOCK AUF GARTEN

War es nun der Nachbarschaftsstreit zwischen dem reichen Steuereintreiber und dem armen Schneider oder die Liebesgeschichte ihrer Kinder, durch die der Düxer Bock zum inoffiziellen Wappentier des Stadtteils Deutz wurde? Wir wissen es nicht. Auf jeden Fall ärgerte sich der Legende nach der Steuereintreiber

über den lauten Gesang der Singvögel des Schneiders. Doch der Schneider bestand darauf, seine Vögel zu behalten. Darum hängte der reiche Nachbar einen Ziegenbock in einem großen Vogelkäfig an einem Fenster auf. Dieser wurde schlecht gefüttert und meckerte darum unaufhörlich. Das störte wiederum den Schneider,

der sich freute, als der Ziegenbock schließlich starb. Anschließend jedoch brachte der Steuereintreiber einen steinernen Bock am Haus des Schneiders an. Alle Nachbarn nannten den Schneider nun »Schneider meck, meck, meck«. Da dieser den Spott nicht ertragen konnte, zog er fort. Zuvor jedoch hatte sich die Schneiderstochter Gertrud in Fritz, den Sohn des Steuereintreibers, verliebt. Mit dem Wegzug endete auch die Liebesgeschichte. Viel später kehrte Gertrud zurück, kaufte ihr früheres Wohnhaus, traf ihre alte Liebe wieder und sie heirateten. Diese Geschichte gehört zu den Deutzer Legenden und wurde vom Hänneschen-Theater nachgespielt. Ein Happy End gab es auch für den Düxer Bock. Seine Statue von Gerhard Marcks (1889–1981) wurde am unscheinbaren Lorenzplätzchen aufgestellt. Doch wie sollten Besucher den Bock dort entdecken und bewundern? Eine Diskussion, initiiert von der Künstlergruppe WochenKlausur, führte zu dem Beschluss, den kleinen Platz umzubenennen – nun heißt er »Am Düxer Bock«. Später übernahmen Anwohner die Patenschaft für die Gärten am Platz unter dem schönen Motto »Bock auf Garten«.

Am Düxer Bock oder Lorenzstraße, 50679 Köln

HUUS IN
RUT-WIESS

Rot und Weiß sind die Farben von Köln, die bei ihrer Entstehung auch die Naumannsiedlung schmückten. Doch davon war nicht mehr viel zu sehen. Die 90 Jahre alte, von Manfred Faber (1879–1944) und anderen Architekten entworfene Siedlung hatte ihre beste Zeit hinter sich. Nun jedoch hat die GAG Immobilien AG die Häuser grundlegend saniert und die Fassaden in ihren Originalzustand zurückversetzt. Manfred Faber war von der Gartenbewegung inspiriert. Arbeiter sollten in angemessenen Wohnungen inmitten begrünter Anlagen leben. Im Nationalsozialismus wurde der Architekt wegen seiner jüdischen Herkunft in das Ghettohaus in der Cäcilienstraße eingesperrt, im Messelager interniert und von dort aus nach Ausschwitz deportiert und ermordet. Die Häuser der Naumannsiedlung, nun wieder in Rot und Weiß leuchtend, erinnern an ihn.

Naumannsiedlung, Boltenstern- und Amsterdamer Straße, 50735 Köln

EIN TISCH
FRISCH AUS DEM STADTWALD

Die Kölner hängen so an ihrer Stadt, dass sie immer gern ein Stückchen Heimat zu Hause haben, egal wo sie wohnen. Wie gut, dass die Firma Stadtwaldholz das möglich macht – sie stellt in einer Werkstatt in der Nähe des Großmarktes Möbel aus Holz her, das aus dem Forst von Köln stammt. Große und kleine Tische, Betten, Hocker und Lastenfahrräder aus Holz gehören ebenso zum Angebot wie Stiftablagen oder Bauklötze. Der Wald in und um Köln ist circa 6.000 Hektar groß und umfasst 15 Prozent des Kölner Stadtgebiets, von denen die städtische Forstverwaltung zwei Drittel betreut. Außer als Erholungsgebiet dient er auch als Nutzwald. Forstarbeiter fällen also auch gesunde Bäume, die sich gut zum Verarbeiten eignen: Sie schaffen Platz für nachwachsende Gehölze und sorgen für Wegesicherheit. Der Kölner Forst wird so mehr und mehr zu einem nachhaltig bewirtschafteten Mischwald mit über 50 Baumsorten. Auf jedem Stück aus Kölner Holz befindet sich ein Brandzeichen von Stadtwaldholz. So fühlt man sich als Kölner überall seiner Stadt ganz nah.

Stadtwaldholz, Koblenzer Straße 15, 50968 Köln

KÖLSCH
FÜR ZE HÖRE

Fast alle Kölner Eltern können ein Lied davon singen: Man sitzt mit seinen Kindern im Auto oder in der Bahn und spricht von den kommenden Karnevalstagen, da erscheint ein seliges Lächeln auf dem Gesicht des Kindes und es beginnt ganz leise zu summen. Das zweite Kind stimmt ein, und die anderen Fahrgäste bewegen den Kopf im Takt mit. Die kölschen Lieder »En unserem Veedel« von den Bläck Fööss, »Hey Kölle! Du bes e Jeföhl« von den Höhnern, »Kölsche Jung« von den Brings oder »Stadt met K« von Kasalla laufen nicht nur zur fünften Jahreszeit in Radio, Fernsehen und auf allen möglichen Abspielgeräten. Obwohl die Mehrheit der Kölner nicht seit mehreren Generationen hier wohnt und damit zu den Urkölner gehört, lebt sie dieses »Jeföhl« und drückt das gern durch Mitsingen aus. Kein Wunder, dass in Köln entsprechende Veranstaltungen wie »Lass mer singe« sehr beliebt sind. Zum alljährlichen Weihnachtssingen des 1. FC Köln kommen mehr als 40.000 Menschen in das Müngersdorfer Stadion. Und auch wenn nicht mehr viele Leute den kölschen Dialekt sprechen können, singen kann ihn fast jeder, spätestens beim Lied »En unserem Veedel«.

KATZE ODER DRACHE?

Ein Spaziergang am Mülheimer Hafen lohnt sich. Die Natur holt sich hier die Bauten, die in den vergangenen 100 Jahren Zeichen des wirtschaftlichen Aufschwungs des Viertels waren, zurück. Bäume und Büsche wachsen aus Mauerresten, Wiesen und Wege laden zum Spaziergehen ein. Genau dort macht eine Fußgängerbrücke von der Mülheimer Insel zum Festland einen Katzenbuckel. Gerd Lohmer (1909–1981) entwarf sie für die Bundesgartenschau Mitte der 1950er Jahre, und man sieht ihr an, dass der Architekt seine berufliche Laufbahn als Bildhauer begonnen hatte. Manche nennen die Katzenbuckel-Brücke auch Drachen- oder Bärbrücke, wohl je nach persönlicher Vorstellungswelt. In jedem Fall bietet sie eine wunderbare Aussicht auf Mülheim und Deutz.

Katzenbuckelbrücke, Mülheimer Hafen, 51063 Köln

WENN DER DOM
EINMAL FERTIG WIRD

Wenn der Kölner Dom fertig ist, geht die Welt unter. So besagt es eine Kölner Volksweisheit. Daran hat sich die Stadt lange orientiert. Nachdem die Bauarbeiten aus Kostengründen im 16. Jahrhundert eingestellt worden waren, war der hölzerne Drehkran auf dem Südturm über Jahrhunderte Erkennungszeichen von Köln. Gern hätten die Kölner die Türme für ihre Hauptkirche fertiggestellt, doch es fehlte an Geld und an einem Plan für den Weiterbau. Das änderte sich, als die Preußen im 19. Jahrhundert Köln

besetzten, Geld in die Stadt brachten und der Fassadenplan F wiederentdeckt wurde. Dieser Plan, auch Riss F genannt, ist über vier Meter groß und gilt als die schönste Architekturzeichnung des Mittelalters. Sein Pergament wurde aus 20 Schafhäuten hergestellt. Die Zeichnung aus dem 13. Jahrhundert war lange Zeit verschollen, erst

1814 wurde ein Teil von ihr auf dem Dachboden eines Wirtshauses in Darmstadt wiedergefunden. Der Sammler und Historiker Sulpiz Boisserée (1783–1854) stöberte ihren fehlenden zweiten Teil zwei Jahre später in Paris auf. Er sorgte für die Veröffentlichung des Plans und rührte die Werbetrommel für die Vollendung des Kölner Doms. Aus seiner Initiative heraus entstand der Zentral-Dombau-Verein, der damals Spenden für den Bau sammelte. Somit gehört der Kölner Dom quasi allen Bewohnern der Stadt. Mit seiner Fertigstellung im Jahr 1880 wurden die beiden Turmspitzen zum Wahrzeichen. Zu diesem Zeitpunkt galt das Gebäude als das größte der Welt. Wer möchte, kann sich den Fassadenplan F bei einer Führung durch den Kölner Dom ansehen. Dazu muss er sich allerdings ein wenig auf die Suche begeben, denn dieser befindet sich hinter einem unscheinbaren grünen Vorhang in der Johanneskapelle. Was waren die Dombauer glücklich, als die Kathedrale endlich fertiggestellt war! Sie glaubten sogar, niemals mehr am Dom Hand anlegen zu müssen. Doch schon wenige Jahre später lösten sich Steine von dem filigranen Bauwerk, waren Verwitterungsspuren zu sehen. Heute arbeiten circa 100 Handwerker verschiedener Gewerke, Wissenschaftler und Verwaltungsmitarbeiter der Dombauhütte daran, den Kölner Dom so, wie es im Fassadenplan F vorgesehen ist, zu erhalten.

Domkloster 4, 50667 Köln

EIN BIERZAPFHAHN
IM ZIMMER

Das »Hotel zur Malzmühle« macht es möglich: Wer hier nächtigt, kann im Bad einiger Zimmer keinen Wasserhahn, sondern einen Bierzapfhahn betätigen. Das Mühlenkölsch können Gäste zur Übernachtung hinzubuchen und sich allabendlich ein kühles Bier im Badezimmer zapfen. Wenn das kein originelles Angebot ist! Das Hotel liegt am Rande der Altstadt und bietet aus einigen Zimmern Blick auf den Kölner Dom. Es gehört zur »Brauerei zur Malzmühle«, die seit 160 Jahren besteht und in der fünften Generation von der Familie Schwartz geführt wird. Wer sein Bier lieber in Gemeinschaft genießt, kann das im Brauhaus und in der Mühlenbar tun.

Hotel zur Malzmühle, Heumarkt 6, 50667 Köln

UNTER DEM SCHIEFEN TURM AUF MUSIKERKISTEN SITZEN

Die Kirche St. Johann Baptist im Severinsviertel hat gleich mehrere Besonderheiten: Sie gehört zu den ältesten Kirchen der Stadt und wurde während des Zweiten Weltkrieges fast vollständig zerstört. Hier ist zudem das Jugendpastorale Zentrum des Erzbistums Köln beheimatet, wodurch St. Johann Baptist den Namenszusatz Crux-Kirche erhielt. Zeitweilig nannten die Kölner ihren Kirchturm den »schiefen Turm von Köln«, weil er sich während der Bauarbeiten zur neuen U-Bahn-Linie im Jahr 2004 gefährlich geneigt hatte. Zum Glück stabilisierten die Bauarbeiter den Untergrund, stellten den Turm wieder gerade und renovierten die Kirche, bis sie im Jahr 2009 wiedereröffnet werden konnte. St. Johann Baptist verfügt noch über eine weitere Besonderheit: Das Gestühl in ihrem Innern besteht nicht aus Holzbänken, sondern aus Boxen, die Musiker für gewöhnlich für den Transport ihrer Instrumente verwenden. Ein Techniker von Herbert Grönemeyer hat diese Bestuhlung für die Kirche gebaut.

Severinstraße 189, 50678 Köln

ERFINDER DER SOJAWURST

Er war Bürgermeister von Köln und erster Bundeskanzler der Bundesrepublik Deutschland. Der Kölner Konrad Adenauer (1876–1967) war zugleich ein erfinderischer Mann. Noch während seiner Zeit als Beigeordneter der Stadt während des Ersten Weltkriegs meldete er mehrere Erfindungen zum Patent an: Darunter eine Wurst aus Sojamehl, die allerdings bei der Bevölkerung damals nicht so viel Anklang fand. Die Sojawurst sowie die Erfindung eines Verfahrens zur Herstellung von rheinischem Schrotbrot waren aus der Not geboren, denn die Bevölkerung in Köln litt im Krieg Hunger. Doch auch später gingen Konrad Adenauer seine Ideen nicht aus. So hat er ein Verfahren gegen Luftverunreinigungen durch Heizungen und Abgase und eine Elektrobürste gegen Schädlinge zum Patent angemeldet. Zudem erfand er Gartengeräte wie eine Gartenharke mit Hammerkopf zur Beseitigung von Schädlingen. Eine besonders skurrile Erfindung des studierten Juristen ist und bleibt jedoch sicher die Sojawurst.

AFRI-COLA –
DIE FLASCHE MIT DER PALME

Unter Palmen in der Sonne sitzen und sich erfrischen. Das mag der Gedanke des Kölners Kurt Flach (1905–1997) gewesen sein, der 1931 »afri-cola« als Marke eintragen ließ und die Palme als Wiedererkennungszeichen auf Label und Flasche brachte. Dabei verfolgte der Firmenchef von F. Blumhoffer Nachfolger das Ziel, der amerikanischen Cola ein deutsches Produkt entgegenzusetzen. Während der Nazizeit versuchte er das sogar mit antijüdischer Werbung. Nach dem Zweiten Weltkrieg konnte Flach die Marke gut über Sportsponsoring platzieren. Flach gelang ein nächster Coup mit der Orangenlimonade »Bluna«. Der Name setzte sich aus dem Firmennamen BLUmhoffer NAchfolger zusammen. In den 1960er Jahren entwickelte der Designer Jupp Ernst (1905–1987) die Flasche mit den zwei Mulden, die hohen Erkennungswert hatte. Bis 1998 war das Unternehmen in Händen der Gründerfamilie und wurde dann verkauft. »afri cola« und »Bluna« gibt es jedoch weiterhin.

VON DER MAUSEFALLE ZUR LIEBESBRÜCKE

Dombrücke, Mausefalle, Hohenzollernbrücke – die erste feste Brücke über den Rhein zwischen Basel und den Niederlanden seit der Römerzeit schmücken viele Namen. Sie ist heute die am meisten befahrene Eisenbahnbrücke in Deutschland. Vom Mittelalter bis ins 19. Jahrhundert hatte Köln keine festen Brücken, sondern aus Schiffen oder Pontons gebildete Übergänge über den Fluss. Offiziell hieß diese erste feste Brücke Dombrücke. Sie wurde 1859 eingeweiht. Die Kölner nannten sie jedoch Mausefalle, Muusfall auf Kölsch, weil die Umgitterung an eine solche erinnerte. Als Ende

des 19. Jahrhunderts der Kölner Hauptbahnhof gebaut wurde, war die Mausefalle für den starken Zugverkehr zu knapp bemessen. Ein Neubau ersetzte sie 1911. Reiterstandbilder der Preußenkönige und deutscher Kaiser schmücken die Brücke und erklären ihren heutigen Namen: Hohenzollernbrücke. In beiden Weltkriegen war sie von militärstrategischer Bedeutung, doch im März 1945 zerstörte die deutsche Wehrmacht das Bauwerk. Infolge des Krieges gab es erneut keine feste Brücke in Köln. Heute rattern täglich über 1.200 Züge über die Schienen. Allerdings müssen ICE ihre Geschwindigkeit stark reduzieren, weil die Erbauer die Brücke genau auf die Mittelachse des Doms ausgerichtet haben und die Kurve zum Bahnhof dadurch sehr eng ist. Touristen und Kölner lieben die Brücke insbesondere wegen ihrer Gittergeländer. Täglich flanieren Liebespaare auf dem Fußgängerweg entlang der Bahntrasse und suchen nach einem Platz für ihr Liebesschloss. Schätzungen zufolge sollen inzwischen 40.000 Schlösser am Geländer angebracht sein. Ein Physiker errechnete sogar, dass es sich um eine halbe Million handelt. Daraufhin verbreiteten sich Gerüchte, dass die Deutsche Bahn die Schlösser wegen ihres Gewichts entfernen möchte. Das hat sie jedoch bisher verneint. Die Hohenzollernbrücke soll ihren neuesten Namen behalten: Liebesbrücke.

Hohenzollernbrücke, 50679 Köln

AM SCHREIBTISCH DES NOBELPREISTRÄGERS

In der Stadtbibliothek von Köln am Neumarkt kann man einen ganz besonderen Schreibtisch entdecken: den von Literaturnobelpreisträger Heinrich Böll (1917–1985). Hinter den Regalen der Bibliothek befinden sich das Heinrich-Böll-Archiv und das Literatur-in-Köln-Archiv (LiK). Dort, hinter Glas, ist das Arbeitszimmer von Heinrich Böll aufgebaut: ein einfacher Schreibtisch, durch eine Holzkonstruktion verlängert, eine Liege zum Ausruhen, Schreibutensilien, kleine Andenken oder Geschenke seiner Kinder und Enkel. Hier ist Heinrich Böll als Mensch präsent. Dieses Arbeitszimmer regt dazu an, nochmals in seinen Büchern zu stöbern, die ihn so berühmt gemacht haben: »Frauen vor Flusslandschaften«, »Ansichten eines Clowns« oder »Die verlorene Ehre der Katharina Blum«.

Heinrich-Böll-Archiv und Literatur-in-Köln-Archiv (LiK), Josef-Haubrich-Hof 1, 50676 Köln

Die Würstchenbude der meistgesehenen Krimiserie Deutschlands

Es duftet verführerisch am Rheinauhafen. Automatisch wenden die Kölner den Blick und rufen erfreut aus: Diese Bude kenn ich doch! Die Wurstbraterei vom Kölner Tatort, an der die Kommissare Max Ballauf und Freddy Schenk schon so manchen Kriminalfall besprochen haben, gibt es tatsächlich. In mehr als 70 Folgen stehen seit 1997 Currywurst, Kölsch und die Lösung des Falls durch die zwei ungleichen Kommissare im Mittelpunkt. Wenn nicht gerade gedreht wird oder etwas anderes dazwischen kommt, kann sich jeder Hungrige sein Würstchen mit Pommes rot-weiß oder im Brötchen holen. Ein Kölsch gehört natürlich dazu.

Agrippinaufer in der Nähe der Südbrücke, 50678 Köln

BÜCHERBÜDCHEN

MINIBIB

Die Kölner lieben ihre Büdchen. Kioske gibt es zwar auch in anderen Städten, doch Büdchen für Bücher, dazu kostenlos, das hat nur Köln. Da es in Chorweiler und Kalk keine Stadtteilbibliotheken und keinen Bücherbus gibt, hat die Stadt dort Minibibs eingerichtet. Hier kommen Bücherwürmer an ihre Lektüre. Dafür müssen sie nichts bezahlen, sondern können einfach ein Buch mitnehmen und nach zwei Wochen wieder zurückbringen. Das Angebot wird von ehrenamtlichen Mitarbeitern betrieben und durch Sponsoring mitfinanziert. Die Minibib in Chorweiler sieht übrigens tatsächlich wie ein Kölner Büdchen aus: Sie ist klein und mit viel Glas verkleidet, doch Kaffee oder Kölsch bekommt man hier nicht.

Minibib Chorweiler, Spielplatz Osloer Straße, 50765 Köln

Einzige Spoho Deutschlands

Als einzige Universität Deutschlands widmet sich die Deutsche Sporthochschule Köln ausschließlich dem Fachbereich Sport: Von den Kölnern Spoho genannt, ging die Hochschule aus der Einrichtung mit dem schönen Namen »Deutsche Hochschule für Leibesübungen« hervor. 6.000 Studierende und 1.000 Angestellte tummeln sich auf dem Gelände am Grüngürtel. Dabei profitieren sie von der Weitläufigkeit dieses grünen Kreises um Köln. Die Sporthochschule bietet neben der Lehrerausbildung Bachelor- sowie Master- und Promotionsstudiengänge an. Und sie bildet auch diejenigen aus, die uns in der Fitnessbude antreiben. Außerdem forscht sie dazu, welchen Einfluss Sport auf die Gesundheit haben kann. Mit dem Projekt »Gerontopsychiatrie in Bewegung« konnte sie nachweisen, dass Bewegung bei Demenzerkrankungen gut ist. Zudem verfügt die Hochschule über die international größte Bücherei für Sport und Sportwissenschaft. Diese umfasst 400.000 Medien. Wie sehr sich die Spoho in Köln beheimatet fühlt, sieht man schon daran, dass sie damit wirbt, dass ihr Gelände 26-mal so groß wie der Kölner Dom ist – in Köln ist das nun mal der wichtigste Vergleichsmaßstab.

Am Sportpark Müngersdorf 6, 50933 Köln

HIER RUHT DER VERKEHR UND DORT FLIEGT DAS AUTO

Ein einbetoniertes Auto auf dem Mittelstreifen der Ringe, ein goldenes Auto mit Flügeln auf dem Stadtmuseum. Was hat es in Köln nur mit diesen Autos auf sich? Mitten in der für ihre vielen Staus bekannten Stadt stockt der Verkehr. Und das ganz buchstäblich. Verursacher des »Ruhenden Verkehrs« auf dem Hohenzollernring ist Wolf Vostell (1932–1998). Bei laufendem Motor und angeschaltetem Radio betonierte der Happening-Künstler im Jahr 1969 – damals allerdings in der Domstraße – seinen Opel Kapitän ein. Es war ein Skandal. Neben parkenden Autos stehend sollte das Kunstwerk Mahnmal für den Verkehrskollaps in der Stadt sein. Jetzt steht der »Ruhende Verkehr« auf dem Mittelstreifen des Hohenzollernrings. Hier stört er keinen und bleibt von vielen Kölnern leider unbeachtet. Das »Goldene Flügelauto« auf dem Stadtmuseum hat HA Schult gefertigt, es entstammt der Aktion »Fetisch Auto« aus dem Jahr 1991. Auch dieses Kunstwerk war in Köln lange umstritten. Vor nicht allzu langer Zeit haben Auszubildende der Kölner Ford-Werke die Oberfläche gereinigt. Wie Köln jedoch Herr der Staus in der Innenstadt werden will, darüber wird sich die Stadt noch länger Gedanken machen müssen.

»Ruhender Verkehr«, Hohenzollernring/Nähe Flandrischer Straße, 50672 Köln sowie
»Goldenes Flügelauto« auf dem Kölnischen Stadtmuseum, Zeughausstraße 1–3, 50667 Köln

DER SAUFANG IST EINE GLOCKE

Der Saufang ist die älteste noch erhaltene Glocke Deutschlands. Er gehört seit jeher zum Museum Schnütgen, denn dort wurde er gefunden – in der Kirche St. Cäcilien, die inzwischen als Museum genutzt wird. Doch was hat eine Glocke mit einer Sau und einem Fang zu tun? Einer Sage nach ist sie bei einem Brand in der Kirche heruntergefallen und im Schlamm versunken. Im 17. Jahrhundert hat eine Sau sie ausgegraben. So kam sie zu ihrem Namen. Ihre offizielle Bezeichnung lautet Kunibertsglocke, weil sie angeblich von Bischof Kunibert von Köln (um 600–664) geweiht wurde. Ganz sicher ist das allerdings nicht. In späterer Zeit soll sie als Wetterglocke am Kunibertstag, dem 12. November, geläutet worden sein. Doch die Kölner nennen sie lieber Saufang. Obwohl es moderne Möglichkeiten zur Datierung kunsthistorischer Objekte gibt, streiten sich Wissenschaftler darüber, wann die Glocke hergestellt wurde. Manche sprechen vom siebten, manche vom neunten Jahrhundert. Auf jeden Fall ist sie sehr alt. Während Glocken ab dem 12. Jahrhundert in Lehmformen gegossen wurden, ist der Saufang noch aus Eisenteilen zusammengenietet. Darum klingt er nicht wie eine Glocke, sondern eher wie eine Kuhschelle.

Museum Schnütgen, Cäcilienstraße 29–33, 50667 Köln

BOCK
AUF FUSSBALL

Er ist ein Star in Köln und sogar auf Social-Media-Kanälen aktiv: Hennes IX., das Maskottchen des 1. FC Köln und der wohl bekannteste Ziegenbock Deutschlands. 2020 wurde er zum besten Fußball-Maskottchen der Welt gewählt. Die Online-Abstimmung hatte der englische Club Caversham United initiert. Hennes IX. lebt im Kölner Zoo und reist seit seinem Debüt im Sommer 2019 zu den Heimspielen ins Fußballstadion nach Müngersdorf. Denn nur, wenn ihr Maskottchen dabei ist, sind sich die Kölner ihres Spielglücks sicher. Die Tradition eines Ziegenbocks als Maskottchen ist schon 70 Jahre alt. Damals schenkte der Circus Williams dem Verein den ersten Hennes. Hennes IX. soll seinem Urahnen verblüffend ähnlich sehen. Im »Kleinen Geißbockheim« im Zoo kann man ihn besuchen. Hier genießt auch Hennes' Vorgänger seinen verdienten Ruhestand. Für

Nachwuchs ist ebenfalls gesorgt: Hennes IX. wurde als erstes FC-Maskottchen Vater. Mit der Ziege Ilse hat er zwei kleine Zicklein mit Namen Marie und Luise, in Erinnerung an die Karnevalslegende Marie-Luise Nikuta (1938–2020). Für den Fußballklub wäre es doch vielleicht in der Zukunft eine Überlegung wert, eine Ziege als Maskottchen zu wählen.

Kleines Geißbockheim im Kölner Zoo, Riehler Straße 173, 50735 Köln

AKADEMIE FÜR DIE KÖLSCHE SPRACHE

In Köln ist es fast wie in Frankreich: Dort sorgt die Académie Française für die Erhaltung der französischen Sprache, in Köln die »Akademie för uns kölsche Sproch« für die Pflege des lokalen Dialektes. Die kölsche Akademie ist sicher kleiner und mit weniger Mitarbeitern besetzt als ihr berühmtes Pariser Gegenstück, doch fast alle Kölner kennen sie. Mit ihren Seminaren, Führungen, Foren und der Bibliothek bringt sie Interessierten die Kölner Sprache sowie Kölner Sagen, Legenden und Lieder nahe. Im Rahmen von Projekten mit Schulen vermittelt die Akademie im Zusammenhang mit der Sprache den Schülern auch das Brauchtum. Für Kölner Grundschulen gehört es zum guten Ton, den Dialekt zu lehren. Die kölschen Lieder sind bei Kindern und Jugendlichen dabei besonders beliebt. Spätestens im Karneval singen alle kräftig mit, wenn die Stunksitzungsband Köbes Underground verkündet: »Wegen dem Brauchtum ...«

Akademie för uns kölsche Sproch/SK Stiftung Kultur, Im Mediapark 7, 50670 Köln

RINGE,
NICHT AM FINGER

Als Schmuckstücke trägt man Ringe zumeist am Finger. In Köln schmücken die »Ringe« jedoch die Stadt. Die Kölner flanieren gern auf ihnen, treffen sich in den dortigen Bars oder stehen auf der Straße im Stau. Die »Kölner Ringe« gehören zu den Hauptverkehrsadern der Stadt. Sie wurden entlang der mittelalterlichen Burgmauer gebaut, nachdem diese, wie Historiker so schön sagen, geschliffen worden war. Ende des 19. Jahrhunderts reihten sich an den Ringen große und prächtige Häuser aneinander. Breite Fußgängerwege und Geschäfte luden zum Bummeln, Grünanlagen und Springbrunnen zum Verweilen ein. Kreisverkehre ordneten zum Beispiel am Barbarossaplatz den übersichtlichen Verkehr. Die Namen Ubier-, Karolinger-, Sachsen-, Salier-, Hohenstaufen-, Habsburger-, Hohenzollern- und Kaiser-Wilhelm-Ring erinnern an deutsche Fürstenhäuser, Könige und Kaiser. Hier und dort ist noch etwas von der alten Pracht zu entdecken, die durch die Bombenangriffe im Zweiten Weltkrieg und eine Abrisswelle in den 1950er Jahren leider zerstört wurde.

DAS ERSTE QUEERE JUGENDZENTRUM EUROPAS

Köln ist ein Hotspot der queeren Szene. Aber wer weiß schon, dass hier 1998 das erste queere Jugendzentrum Europas gegründet wurde. Das anyway steht für »any way«: Jeder Weg ist möglich. Hier können Jugendliche von 14 bis 27 Jahren mit anderen jungen Schwulen, Lesben, Bis, Trans* und Queers, kurz LSBT*Q, gemeinsam chillen, etwas trinken, kickern, Billard spielen und einfach eine Menge Spaß haben. Zum Club in der Nähe des Friesenplatzes gehören das Café, ein Billardzimmer auf der Empore sowie ein Partyraum. Ein Team von zwölf haupt- und circa 50 ehrenamtlichen Mitarbeitern hält das Jugendzentrum am Laufen. Der »Coming-In-Day« richtet sich an die Neuen im Club, und kulturelle Abende gehören zum Programm. Die Filme unter dem Label »Kuntergrau« sind schon mehr als drei Millionen Mal im Internet aufgerufen worden. Mehr als 1.000 Jugendliche aus Kölner Schulen besuchen jährlich das anyway-Köln und erfahren mehr über sexuelle und geschlechtliche Vielfalt. Ein offenes Ohr für die Jugendlichen hatten und haben die Mitarbeiter von Anfang an, seit 2020 gibt es im anyway-Köln auch eine offizielle LSBT*Q-Beratungsstelle.

anyway, Kamekestraße. 14, 50672 Köln

KALLENDRESSER UND EIN PLATZJABBEK

Mitten in der Innenstadt von Köln, am Altermarkt, streckt einem doch tatsächlich eine Skulptur den nackten Po entgegen. Und nicht nur diese eine, sondern gleich mehrere. »Das ist nur ein Kallendresser«, sagen die Kölner mit einem Schmunzeln im Gesicht. Kall steht für Regenrinne, Dress für Mist oder Kot, in diesem Fall für das, was dieser in die Rinne macht. Man unterscheidet zwischen den Kallendressern, die in die Rinne machen, und denen, die einem nur den Po entgegenstrecken, Kölner Spiegel genannt.

Den bekanntesten Kallendresser gibt es am Alter Markt 24. Er wurde vom Bildhauer Ewald Mataré (1887–1965) aus Kupferblech geschaffen. Am Rathausturm befinden sich gleich drei dieser Skulpturen aus Stein, unter den Figuren des Erzbischofs von Köln,

Konrad von Hochstaden (um 1205–1261), des Chronisten der Stadt, Gottfried Hagen (1233–1290), und der Patrizierin und Postmeisterin Katharina Henot (1570/1580–1627), die Opfer der Hexenverfolgung wurde. Warum die Kallerdresser diese Figuren zieren, ist nicht bekannt.

Zudem steckt der Platzjabbek am Rathausturm zur vollen Stunde den Bewohnern und Besuchern am Alter Markt die Zunge heraus. Das Wort Platzjabbek heißt, frei übersetzt, zum Platz hin den Mund aufreißen und ist dem französischen Wort »bec« für Schnabel entlehnt. Die herausgestreckte Zunge ist dabei frech gemeint, aber nicht gemein, und Zeichen des Stolzes des Kölner Bürgertums. Schon im 15. Jahrhundert belegt eine Urkunde einen Platzjabbek am Rathaus. Durch einen besonders hohen Turm und den frechen Platzjabbek wollten die Bürger den Patriziern zeigen, dass sie mehr als diese können. Nackter Po und eine herausgestreckte Zunge, ja, die Kölner haben schon Humor und verlangen diesen auch von den Besuchern der Stadt.

Kallendresser, Alter Markt 24 sowie Platzjabbek, Rathausplatz 2, 50667 Köln

ARSCH HUH, ZÄNG USSENANDER

Die Kölner gelten als freundlich und offen, doch wenn es um ernste Fragen geht, drücken sie sich gern deutlich aus. So ist es auch bei der Initiative »Arsch huh, Zäng ussenander«, auf Hochdeutsch: Arsch hoch und Zähne auseinander – gegen rechte Gewalt. Als Anfang der 1990er Jahre eine Welle von ausländerfeindlichen Angriffen Deutschland überrollte, taten sich Kölner Musiker und Künstler zusammen, um ein Zeichen gegen Gewalt und für eine offene Gesellschaft zu setzen. 100.000 Menschen kamen am 9. November 1992 um den Chlodwigplatz zusammen. Sie gedachten dabei der Pogromnacht der Nationalsozialisten am 9.11.1938. Mit dabei waren unter anderem Künstler wie Wolfgang Niedecken und seine Band BAP, die Höhner, Brings und Shary Reeves. Die »AG Arsch hu« organisierte außerdem »Köln stellt sich quer« im Jahr 2008 sowie das Konzert an der Deutzer Werft im November 2012 und veröffentlichte 2019 das Lied »Su läuf dat he«. Im Songtext machen die Künstler deutlich, dass sie ihre Lieder auf keinen Fall durch rechte Gruppierungen genutzt wissen wollen. Die Initiative »Arsch huh, Zäng ussenander« bleibt weiterhin aktiv, weil ein Engagement gegen rechte Gewalt auch in Zukunft nötig ist.

Erste »Arsch huh, Zäng ussenander«-Veranstaltung, Chlodwigplatz, 50678 Köln

BÜDCHEN MUSS SEIN

Sie heißen »Köski Royal«, »Brigittes Büdchen«, »Kölnkiosk«, »King Georg«, »Oma liebt dich Kiosk« oder auch einfach nur Kiosk. Mehr als 1.000 dieser kleinen Verkaufsstellen soll es in der Stadt geben, und damit ist Köln die büdchenreichste Stadt Deutschlands. Nur das Ruhrgebiet hat mehr, aber natürlich auf einer größeren Fläche. Als die Öffnungszeiten der Supermärkte ausgedehnt wurden, fürchteten viele, dass diese Verkaufsstellen für alles Notwendige inklusive Kölsch und Zeitschriften nach und nach schließen würden. Doch der Kölner hat es gern bequem. So kaufen Kinder schon auf dem Weg von der Grundschule nach Hause ihr Tütchen Gummibärchen am Kiosk, Ältere holen sich dort ihre Zeitung und treffen sich zum täglichen Plausch, der Handwerker besorgt sich sein Brötchen und einen Kaffee und junge Leute ein Kölsch für den Abend. Die Büdchen trotzen dem Online-Handel, denn dieser bietet nicht die sozialen Kontakte, die die Kölner so lieben. Wer mehr über die Kölner Büdchen erfahren möchte, kann an einer entsprechenden Tour durch die Stadt teilnehmen. Hoffen wir, dass die Besitzer weiterhin so viel Einfallsreichtum hinsichtlich des Erhalts der Büdchen besitzen wie bei ihrer Namensgebung.

DER KAMELLEDOM UND SEIN KAMELLE-NAPOLEON

Der Bäcker und Konditormeister Franz Stollwerck (1815–1876) wurde im 19. Jahrhundert mit seinen Hustenbonbons, auch Brustkamellen genannt, so berühmt, dass die Kölner ihn Kamelle-Napoleon nannten. Als seine Nachfahren einen Neubau für die Süßigkeiten- und Schokoladenfabrik in der Südstadt errichteten, bekam dieser schnell einen Spitznamen: Kamelledom. Dabei waren wohl die beiden hiesigen Vorlieben entscheidend: Kamelle und der Kölner Dom. Stollwerck wurde um 1900 durch Schokolade mit Sammelbildern und den Verkauf über Automaten bekannt. Das Unternehmen gründete eines der ersten Automaten-Restaurants, vor

100 Jahren eine absolute Neuheit. Dort konnten sich Kunden an Münzautomaten ohne Servicepersonal selbst Gerichte und Getränke holen. Der Hersteller von Schokolade – übrigens die Lieblingssüßigkeit der Deutschen – erlebte viele Höhen und Tiefen, bevor sich der damalige Inhaber in den 1970er Jahren zunächst entschloss, die Produktion in der Südstadt aufzugeben und später das Unternehmen zu verkaufen. Als das historische Fabrikgebäude in der Südstadt veräußert werden sollte, ging ein Aufschrei durch das Viertel: Es sollte für die Allgemeinheit erhalten bleiben. Nach zähen Verhandlungen wurde aus dem Kamelledom das Bürgerhaus Stollwerck, das Kulturprogramme für Jung und Alt anbietet. So ist das Gebäude weiterhin ein Anziehungspunkt für die größten Schokoladenfans, die Kinder. Schätze aus dem Kamelledom, darunter Automaten, Maschinen und Geräte zur Schokoladenherstellung, sind heute im Schokoladenmuseum am Rhein zu bewundern. Das Museum ist das meistbesuchte von Köln. Und am Severinskirchplatz ist der Brunnen mit dem Stollwerckmädchen, auch Schokoladenmädchen genannt, zu bewundern.

Bürgerhaus Stollwerck, Dreikönigenstraße 23, 50678 Köln

ÄLTESTE JÜDISCHE GEMEINSCHAFT NÖRDLICH DER ALPEN

In einem Dekret, also einem Gesetzesbrief, von Kaiser Konstantin dem Großen (zwischen 270 und 288–337) an den Kölner Rat aus dem Jahr 321 ist überliefert, dass in Köln die älteste jüdische Gemeinde nördlich der Alpen lebte. »Nördlich der Alpen« ist dabei ein häufig verwendetes Stichwort: Köln war die Hauptstadt der nördlichsten römischen Provinz. Die Römer erlaubten jüdischen Bürgern, sich hier niederzulassen und hielten dies in ihren Dokumenten fest. Jedoch war die Geschichte der jüdischen Bevölkerung in Köln immer wieder von Ausgrenzung und Verfolgung bestimmt, die auf die Ansiedlung folgten. Nach dem Zweiten Weltkrieg kehrten nur wenige Juden nach Köln zurück. Inzwischen gibt es wieder zwei jüdische Gemeinden. Außerdem entsteht mitten in der Stadt das MiQua. Die Bezeichnung steht für Museum im Quartier. In diesem Viertel befand sich vom 10. bis zum frühen 15. Jahrhundert eines der größten jüdischen Wohngebiete in einer europäischen Stadt. Das Museum soll jüdische Geschichte und Kultur in ihrer Verbindung zur Geschichte der Stadt vorstellen und damit auch an die jüdischen Bürger von Köln erinnern, die in der Zeit des Nationalsozialismus ermordet wurden.

MiQua, Obenmarspforten 1, 50667 Köln

DER PLATZ IST GESPERRT

Der laute Ruf eines Passanten: »Vorsicht«, hier ist gesperrt.« Eine junge Frau und ihr Kind bleiben erschreckt stehen. »Abgesperrt?« »Ja, Proben«, antwortet einer der vier Ordner, der am Rand des Platzes steht. »Hierunter befindet sich der Konzertsaal der Philharmonie.« Das gibt es wirklich nur in Köln: Seitdem im Jahr 1986 der Kölner Konzertsaal eröffnete, stehen während der Aufführungen oder Proben Ordner auf dem Platz über der Kölner Philharmonie. Der Heinrich-Böll-Platz ist Teil des Kunstwerks Ma'alot des Künstlers Dani Karavan und darf nicht durch Absperrbänder optisch verändert werden. Die Ordner sorgen dafür, dass keine Passanten über den Platz laufen oder fahren und dadurch Geräusche die Musiker im Konzertsaal stören. Der Saal ist in der Form eines Amphitheaters gebaut und bietet Platz für 2.000 Zuschauer. Er hat eine besonders gute Akustik. Jährlich finden durchschnittlich 400 Konzerte statt, mit klassischer wie auch moderner Musik. Auch kölsche Musik hat ihren festen Platz im Programm. Besonders beliebt ist der kostenlose PhilharmonieLunch. Jeden Donnerstagmittag können die Zuhörer eine gute halbe Stunde lang hier miterleben, wie die Musiker proben – ein echter Ohrenschmaus.

Heinrich-Böll-Platz, 50667 Köln

Reinigen, zusammensetzen, digitalisieren

Es ist kühl und ruhig in der Restaurierungswerkstatt. Akribisch nehmen die Mitarbeiter Stück für Stück, Seite für Seite zur Hand, säubern Papier, Pergament, Fotos und Tonbänder und setzen die Bruchstücke zusammen. Sie haben sich der größten Aufgabe in der Geschichte der Archive nach dem Zweiten Weltkrieg verschrieben: der Restaurierung der Dokumente und Unterlagen des eingestürzten Historischen Stadtarchivs von Köln. Als am 3. März 2009 eines der bedeutendsten europäischen Kommunalarchive in der Severinstraße in sich zusammenfiel, standen die Uhren in Köln still. Zwei junge Männer, die in Nebenhäusern wohnten, kamen ums Leben. Wie durch ein Wunder konnten sich die Mitarbeiter und Besucher des Archivs binnen weniger

Minuten aus dem Gebäude retten. Ein großes Loch klafft seitdem mitten in Köln. Über 62.000 Urkunden, 329.000 Karten, Pläne und Plakate und eine halbe Million Fotos sowie 2.500 Tonträger und Videos begruben die Trümmer unter sich. Im ersten Moment fürchteten die Kölner, dass ihre historischen Zeugnisse für immer verloren seien. Doch nach und nach bargen die Feuerwehren und das Technische Hilfswerk die Dokumente und Unterlagen. Die durchfeuchteten Materialien wurden schockgefroren und gefriergetrocknet, andere vorübergehend in über 20 Asylarchiven im gesamten Land untergebracht. Noch heute steht eine Vakuumgefriertrocknungsanlage im Restaurierungs- und Digitalisierungszentrum des Historischen Archivs in Köln-Porz. Das Trocknen ist mittlerweile abgeschlossen, das Reinigen, Zuordnen, Zusammensetzen und Digitalisieren wird noch 30 oder 40 Jahre dauern. Am Eifelwall befindet sich das neue Gebäude des Archivs mit Ausstellungsraum, Lesesaal und Magazinen kurz vor der Fertigstellung. In die dortige Digitalisierungs- und Restaurierungswerkstatt werden die Restaurierungsmitarbeiter einziehen und das Kölner Archiv zum europaweit führenden Zentrum für Papierrestaurierung machen.

Neubau des Historischen Archivs, Eifelwall, 50674 Köln, sowie des Restaurierungs- und Digitalisierungszentrums, Frankfurter Straße 50, 51147 Köln

Ein toter Mann,
der entdeckt werden will

Sie gehört zu den sogenannten kleinen romanischen Kirchen von Köln und wird in kunsthistorischen Büchern beschrieben. Doch auch dort findet man nicht sofort heraus, dass die Rheinkasseler ihre Kirche St. Amandus die Dotemannkirche oder »Zum Dote Mann« nennen. Aus der Nähe zum Rhein soll die Sage um den toten Mann entstanden sein. Eine Leiche wurde einst am späteren Kirchhügel angespült, in deren Taschen sich Geld und ein Testament befanden. Laut diesem wollte der Mann an genau dieser Stelle begraben werden. Über seinem Grab soll später die Kirche St. Amandus errichtet worden sein. Aus diesem Grund nannten die Rheinschiffer die Kirche fortan Dotemannkirche und den Ort Dotemannsort. Der kleine Totenkopf aus Stein links vom Eingang zur Kirche deutet auf den Namen hin. Ganz unabhängig vom toten Mann lohnt sich ein Besuch hier. Hinter der Kirche eröffnet sich ein wunderbarer Blick über den Rhein.

Amandusstraße 2, 50769 Köln

DAS IST
EIN HOCHHAUS?

An den Kölner Ringen liegt das Hansahochhaus, das nach heutigen Maßstäben gar nicht so groß ist. 17 Geschosse, 65 Meter Höhe – doch zur Zeit seiner Einweihung im Jahr 1925 war es das höchste Gebäude Europas. Dieser Rekord wurde jedoch schnell gebrochen, während ein anderer 40 Jahre bestehen blieb: Der Paternoster des Hansahochhauses war mit 26 Kabinen für je zwei Personen bis 1965 der längste Paternoster der Welt. Natürlich wurde er von einem Kölner Unternehmen gefertigt: der Maschinenfabrik L. Hopmann. Zu seinem Namen kam das Hansahochhaus durch die Lage an Hansaring 97. Dieser erinnert wiederum daran, dass Köln durch Handel wirtschaftlich erstarkte und Mitglied der Hanse war. Ganz in diesem Sinne diente das Gebäude anfangs als Verkaufsfläche für Autos. Im Inneren befanden sich zudem ein Filmpalast mit 1.200 Sitzen und ein Café-Restaurant im Art-Déco-Stil. Der Kinosaal wurde im Zweiten Weltkrieg zerstört, doch an der Außenfassade befinden sich noch einige schöne Skulpturen.

Hansaring 97, 50670 Köln

DER ERSTE TASCHENBUCHLADEN UND HEISSE DEBATTEN

Kurz vor der Zugfahrt ein Buch kaufen: Noch geht es, auch wenn die Buchhandlung im Kölner Hauptbahnhof geschrumpft ist und viele Leute den Onlinehandel bevorzugen. In Köln eröffnete Gerhard Ludwig (1909–1994) im Hauptbahnhof im Jahr 1957 den ersten Taschenbuchladen Deutschlands. Das war eine Pioniertat, denn dort konnte man ungestört in den Büchern stöbern und musste sich nicht bedienen lassen. Der Taschenbuchladen ging hervor aus dem Zeitungsverkauf und der Buchhandlung, die Gerhard Ludwig nach dem Zweiten Weltkrieg im Kölner Hauptbahnhof etabliert hatte. Eine weitere Kölner Institution entstand aus dem engen Kontakt Ludwigs zu Literaturkreisen: Mit den »Mittwochsgesprächen« gründete er einen Debattierclub. Ein Teil der hitzigen Debatten mit Künstlern im »Alten Wartesaal« nebenan sind als Aufnahmen im Museum für deutsche Geschichte in Bonn aufbewahrt. Ende der 1980er Jahre verkaufte Gerhard Ludwig die Buchhandlung an das Unternehmen Dr. Eckert, doch der Name Buchhandlung Ludwig blieb. Kulturelles gibt es auch heute noch im Alten Wartesaal, denn hier werden seit mehr als 30 Jahren die »Mitternachtsspitzen«, eine Sendung des Westdeutschen Rundfunks, aufgezeichnet.

Wartesaal am Dom, Johannisstraße 11, 50668 Köln

PASSAGEN –
GRÖSSTE DESIGNVERANSTALTUNG

Die Kölner Passagen Interior Design Week laden alljährlich im Januar Designinteressierte zum Flanieren über mehr als 160 Orte in ganz Köln ein. Das Büro Sabine Voggenreiter organisiert die Veranstaltung, die mit 150.000 Besuchern im Jahr 2020 die größte ihrer Art in Deutschland war. Parallel zur Internationalen Möbelmesse zeigen Kölner Designer, was neu auf dem Markt ist. Ausstellungen, Inszenierungen und Empfänge gehören zum breiten Programm für Fachleute und Neulinge. Licht und Nachhaltigkeit zählten zu den Schwerpunktthemen der letzten Passagen. Unter ihnen sind Galerien, Künstlerkollektive und Hochschulen. Mit dabei KölnDesign, das Kölner Netzwerk von Designern unterschiedlicher Disziplinen und design-affinen Unternehmen.

IMPRESSUM

Vielen Dank allen Interview- und Gesprächspartnern, die zu diesem Buch beigetragen haben, Ideen gesammelt und Informationen korrigiert haben, darunter besonders Reinhold Kruse, Klaus Quadflieg und Ernst Schaller. Besonderen Dank meiner Familie und meinen Freunden, die nicht die Geduld mit mir verloren haben, während ich schon wieder von einer neuen Geschichte für »Das gibt's nur in Köln« erzählte. Nicht zuletzt ein Dankeschön an meine Lektorinnen, Ann Schroeder und Andrea Euerle, fürs Zuhören, Bearbeiten, Korrigieren.

Bibliografische Information der Deutschen Nationalbibliothek
Die Deutsche Nationalbibliothek verzeichnet diese Publikation in der Deutschen Nationalbibliografie; detaillierte bibliografische Daten sind im Internet über http://dnb.d-nb.de abrufbar.

© 2020 Emons Verlag GmbH
Alle Rechte vorbehalten

Abbildungen: Hanka Meves, außer: S. 18: Foto MAEURER & WIRTZ GmbH & Co. KG, S. S. 32/33: Fotograf unbekannt, S. 44/45: Foto ESA, S. 114: Hotel zur Malzmühle, S. 139: Historisches Archiv der Stadt Köln

Satz und Gestaltung: der. Bruno Dias
Umschlaggestaltung: der. Bruno Dias
Lektorat: Andrea Euerle, Köln

MIX
Papier aus verantwortungsvollen Quellen
FSC® C002795
FSC www.fsc.org

Druck und Bindung: Livonia Print, Lettland
Printed in the EU 2020

ISBN 978-3-7408-0944-7

Unser Newsletter informiert Sie regelmäßig über Neues von emons: Kostenlos bestellen unter www.emons-verlag.de